教师公文包
教师必备知识丛书

教师保健

李 婧　王启砚　编

航空工业出版社

北　京

内 容 提 要

本书有助于教师提高文化涵养，同时又注重教师的身体健康和心理健康，教师是学校知识文化教育的推行者，一个成功的教师，除了要有渊博的学识和优良的教学技能，还要有一个健康的身体和高尚的品德。本书分别收录了自我保健、心里保健、饮食保健、戒烟戒酒保健、名人养生等，帮助教师提高心理健康的同时，又帮助教师提高身体健康，是广大教师们提高身体素质的必备读物。

本书针对中小学教师读者为主，对中小学教师提升自身素质和专业技能有所帮助。本书可作为教师培训教材也适合图书馆收藏。

图书在版编目（CIP）数据

教师保健 / 李婧, 王启砚编. -- 北京：航空工业出版社，2019.1（2022.3 重印）
ISBN 978-7-5165-1625-6

Ⅰ.①教… Ⅱ.①李…②王… Ⅲ.①教师—保健—中小学—师资培训—教材 Ⅳ.①G637.8

中国版本图书馆CIP数据核字(2018)第144200号

教师保健
Jiaoshi Baojian

航空工业出版社出版发行
（北京市朝阳区京顺路5号曙光大厦C座四层　100028）
发行部电话：010-85672663　010-85672683
永清县晔盛亚胶印有限公司印刷　　全国各地新华书店经营
2019年1月第1版　　　　　　　　2022年3月第2次印刷
开本：710×1000　1/16　　印张：14　　字数：222千字
印数：5001—11000　　　　　　　　定价：42.00元

目 录

自 我 保 健

教师的健康与保健	3
教师保健 ABC	4
教师日常保健知识	4
健康新标准	6
健康状况十项自测	7
留意人体的报警信号	8
如何评估身体健康	9
养生保健的最佳时间	10
起居健身十六宜	11
清晨饮水最科学	12
声音与健康	13
老师请保护好嗓子	14
教师应学会科学用嗓	15
用脑也须养脑	16
女教师的营养保健	17
伏案工作者与"低头综合征"	19
晚间伏案注意保健	20
脑力劳动者补啥好	21
教师夏季谨防颈肩病	22
失眠患者的药粥调理	22
护齿八法	24

"第二心脏"保健 ································· 25
适度疲劳对健康有益 ······························ 26
硬撑着有损健康 ································· 27
上班族的健康术 ································· 27
伏案工作者应注意五种疾病 ························ 29
办公室里保健法 ································· 30
中年教师的"加减乘除"养生法 ······················ 30
中风与"六小时" ································· 32

心理保健

现阶段是中小学教师心理压力分析 ················· 37
教师要注意"心理换位" ···························· 38
青年教师的"心理病毒"及其消除 ···················· 39
人生跳过"四道墙" ································ 40
乐于交往有助健康 ································ 42
心理健康十要 ···································· 43
保持愉快 ·· 44
消除精神紧张十法 ································ 45
笑者缘何多康寿 ·································· 46
人际交往中的心理原则 ···························· 47
不要忽视心理疲劳 ································ 48
强忍哭泣并非明智之举 ···························· 49
现代健康新说 ···································· 50
关于"生命在于什么"的新观点 ····················· 51
您心理衰老了吗 ·································· 52

饮食保健

您的饮食习惯科学吗 ······························ 57
食量与寿命 ······································ 59
饮食要六宜 ······································ 60

食物营养含量之最 …………………………………… 61
十种最佳的营养食物 ………………………………… 62
最佳饮食养生 ………………………………………… 64
减肥食物种种 ………………………………………… 65
高科技特色食品 ……………………………………… 66
21 世纪的高科技食品 ………………………………… 67
你知道健康食谱吗 …………………………………… 68
营养配餐 ……………………………………………… 69
不良饮食习惯是致癌主因 …………………………… 70
吃喝的学问 …………………………………………… 72
碱性饮食促进健康长寿 ……………………………… 73
不同色彩的保健效应 ………………………………… 74
快餐吃法有讲究 ……………………………………… 75
乘飞机请多喝水 ……………………………………… 75
患病后哪些食物不宜吃 ……………………………… 76
荷兰学者发现：早饭清淡心脏好 …………………… 77
夏季不宜过量吃冷饮 ………………………………… 77
老年人宜喝紫菜汤 …………………………………… 78
海蜇巧治老年病 ……………………………………… 79
甲鱼虽补食有禁忌 …………………………………… 79
猪蹄与美容 …………………………………………… 80
常吃猪蹄可抗老防癌 ………………………………… 81
猪蹄赛熊掌 …………………………………………… 82
吃肉皮可减皱纹 ……………………………………… 83
抗衰养颜食品 ………………………………………… 84
食物帮你降血脂 ……………………………………… 85
大脑喜欢"吃"什么 …………………………………… 86
护心食物要多吃 ……………………………………… 87

十月萝卜赛"人参"	88
食疗降血压	89
防癌海鲜——带鱼	90
果蔬"益心"有新说	91
哪些水果不宜空腹吃	92
水果最宜饭前吃	92
每天吃一个苹果可降低冠心病死亡率	93
香蕉当药是良方	94
价廉物美——豆浆	95
多喝全脂牛奶可防癌	95
莫与酒为友,请男士注意	96
饮酒过量易患癌症	97
啤酒有防癌作用	98
保健珍品——西洋参	99
食人参进补的用量与方法	100
21世纪喝什么	100
痛定思痛话补碘	102
警惕吃出来和躺出来的糖尿病	104
糖尿病保健常识	105
糖尿病并非不治之症	106

戒烟禁毒保健

吸烟与健康——美国近况与数字	111
被动吸烟危害儿童健康	112
吸烟的六大危害	113
戒烟不存在"戒断症状"	114
戒烟后的人体变化	115
吸烟导致血管硬化	116
当心,吸烟危害你的眼	116

女性吸烟危害更大 …………………………………………… 117
什么是吸烟危害病 …………………………………………… 118
从拒绝吸第一支烟做起 ……………………………………… 119
降低青少年、妇女吸烟率——访第十届世界烟草或健康大会主席吴
　　阶平 ……………………………………………………… 122
控烟:人人有利　无人受害——访美藉华人臧英年先生 …… 123
控制青少年吸烟刻不容缓 …………………………………… 124
一支烟要多少空气稀释 ……………………………………… 125
禁止吸烟　纯洁校园——北京市中小学"无烟学校"向全国发出倡
　　议 ………………………………………………………… 126
孩子们,请远离烟草——访北医大公共卫生学院教授朱锡莹 … 127
禁烟,大学生在行动 ………………………………………… 128
科学准确地宣传吸烟的害处 ………………………………… 129
香烟中新的有害物质 ………………………………………… 131
吸烟危害多 …………………………………………………… 132
再谈烟之危害 ………………………………………………… 133
烟草,给人类带来什么 ……………………………………… 134
给吸烟者算两笔账 …………………………………………… 136
一个美丽的圈套——写给烟民们 …………………………… 137
戒烟还你健康的心脏和大脑 ………………………………… 138
国外戒烟和控烟运动 ………………………………………… 139
棍棒教育不能使孩子扔掉香烟 ……………………………… 141
控烟歌谣 ……………………………………………………… 142
肺的自述 ……………………………………………………… 142
控烟三字歌 …………………………………………………… 143
争当无烟学校好 ……………………………………………… 143
禁烟童谣二首 ………………………………………………… 144
"烟"字析 ……………………………………………………… 144

我劝大家来禁烟 …………………………………… 145
我国最早的戒烟歌 …………………………………… 146
戒烟小调 …………………………………… 146
戒烟先戒"敬烟" …………………………………… 147
不敬烟也是一种文明 …………………………………… 148
一堂作文指导课 …………………………………… 149
营造禁烟氛围 …………………………………… 150
"禁止吸烟"辨析 …………………………………… 151
针对成因 重在攻心 …………………………………… 152
吸烟的滋味 …………………………………… 153
吸烟故事 …………………………………… 154
五月十五日的期待 …………………………………… 155
戒烟诗话 …………………………………… 156
马校长戒烟 …………………………………… 157
什么是毒品 …………………………………… 159
吸毒贩毒将受到哪些惩处 …………………………………… 160
恶梦醒来迟——一个吸毒女的自述 …………………………………… 161

名人养生

周恩来的养生秘诀 …………………………………… 167
万里同志的健身之道 …………………………………… 168
谢觉哉的长寿十诀 …………………………………… 169
名人与健身走 …………………………………… 170
红军寿星向多本 …………………………………… 172
善于养生的李世农 …………………………………… 173
著名科学家杨振宁谈养生长寿 …………………………………… 174
刘逢军的养生之道 …………………………………… 176
忙的乐趣——方成谈长寿之道 …………………………………… 177
舒适——年近八旬不服老 …………………………………… 178

名门随氏长寿术	179
作家蒋子龙谈养生	180
忆明珠的养生秘方	181
马季：糊涂长寿	183
红线女的健身之道	184
精神上的满足——黄婉秋的养生之道	185
李默然健身有方	186
放怀天地大　白眼鸡虫小——邵燕祥先生的养生经	188
药补，食补，不及动补——左笔书法大师费新我的养生之道	189
百岁老人的长寿之道	190
百岁老人舒自玉长寿之道探秘	191
指挥家李德伦的养生之道	192
百岁老人游治修的养生术	194
工作、散步及幽默——记李霁野先生的健体养生	195
健康老人陈仁镐的养生之道	196
"豆斋"主人萧朗	197
启功先生　童心未泯	199
我的养生之道	200
顾振乐的修身之道	201
龚延贤养生法	202
清静养生　淡泊处世——钱刘氏老太的养生之道	204
159岁老人长寿之秘	205
胸襟豁达淡泊向善——八闽第一寿星蔡松苍谈养生之道	206
彭祖长寿的秘诀	208
武则天的养生六要	209
曾国藩养生谈	210
万部之家长寿的奥秘	211

自我保健

教师必备知识丛书

教师的健康与保健

教师是人类灵魂的工程师，教师的健康是全社会的宝贵财富。但是目前部分中老年骨干教师的健康状况令人忧虑。

笔者曾经对一所中等师范学校的中老年教师的健康状况进行过调查，发现40岁以上的教师患病率高达91%，经分析其疾病谱为：心脑血管病占45%，消化器官病占40%。其中高血脂症占32%，是未被发现的新情况。由于长时间的脑力劳动致使大部分教师的植物神经功能紊乱，脂质代谢与分泌失衡，导致内脏器官抗病能力减退而罹病。

学校应该针对教师的健康状况，采取多层次的综合保健措施。

健康教育是一级预防，是学校保健的基本内容。中老年教师由于埋头教学工作，往往忽视健康的自我教育，致使许多疾病未能得到早期发现和早期治疗而延误了病情。

检查治疗是二级预防，是保健的主要手段，应该经常对中老年老师进行体检，建立健康档案，以便早期发现和治疗疾病。

运动锻炼是终生受益的康复保健。教师的职业特点是伏案工作多，运动锻炼少，这也是体内组织器官罹病的原因之一。教师应自觉参加各种负荷适当、方法正确的体育活动，用运动处方去替代药物处方，使慢性病得到康复。

自我保健是现代保健医学的一个特点，也是保护自己健康的重要方法。如自购保健器材；自备常用保健药品；自学各种简易健身法，自订保健杂志作为自我保健指南。

教师保健ABC

教师的职业特点与其他工作有所不同,因而保健也应有异。要着重注意以下几个方面:

A、要注意防止咽喉炎。长时间讲课加上粉尘,很容易患咽喉炎,同时要戒除烟、酒等不良嗜好,因为教师本来就易患咽喉炎,如果常受烟、酒等辛辣刺激,更易导致咽喉炎。平时,应多喝开水,经常用温盐水漱口。有咳嗽、多痰、喉痛等症状时,可含化喉宁,并及时诊治。

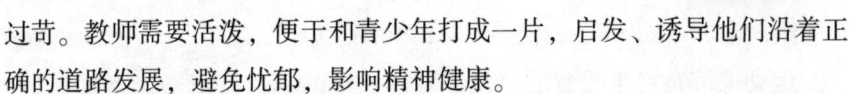

B、讲课时要经常走动,保持良好的精神状态。走动既活跃课堂气氛,又符合健康要求。教师每天接触的大部分是青少年,他们的思想感情与成年人有较大的差别,言语、行为有时无拘无束。对此,教师既不能束手无策、产生苦恼情绪,也不能责之过苛。教师需要活泼,便于和青少年打成一片,启发、诱导他们沿着正确的道路发展,避免忧郁,影响精神健康。

C、要坚持和学生一起做广播体操和眼保健操,以保护视力,增强身体素质,更好地为下一代服务。

教师日常保健知识

教师工作是一项崇高的职业。但由于教师经常要站着授课、伏案备课、批改作业，易导致教师职业病，应注意日常保健。

　　授课是教师工作必不可少的，因而，声音嘶哑会经常发生，特别是一些青年教师，干劲有余，经验不足，讲话时声音过高，使声带频繁长时颤动，造成声带嘶哑和慢性咽喉炎；另外，经常吸入粉笔的粉尘也可致病。防治的方法：①发音不可过度，讲话、授课的时间不可过长，应避免高声讲话。每堂课中间可交叉进行讲课提问、板书演排、练习讨论、这样做，既可活跃课堂学习气氛，又有利于教师嗓音的保护。尤其是在平时感冒、疲劳和女教师月经期间，应少讲话，更不要大声吼叫，因为在此情况下，声带极易损伤。②调节饮食，少食辛辣刺激性食物，不吸烟、不喝酒、授课后要喝点茶水或清凉饮料，经常用胖大海泡水喝。患急性咽喉炎时应及时、彻底治愈。

　　教师站立讲课、腿部肌肉经常处于紧张状态，血液回流受阻，易引起下肢静脉曲张。特别是老年教师，下肢青筋暴起，血管弯曲似蚯蚓，甚至浮肿、乏力、造成皮肤溃疡。其预防应避免站立过久，经常来回走动，既可了解学生学习情况，又可防止站立过久造成下肢疲劳。课余时间应多参加体育锻炼，以活动四肢。每晚睡觉前用温水洗脚，既可解除疲劳，又可以活跃下肢血管，并对防治咽喉炎、感冒、神经衰弱有一定的作用。睡时抬高下肢，能够促进血液循环。

　　伏案备课、批改作业，静多于动，易使人身体发胖、体质变弱、视力减退、神经衰弱及失眠。

　　预防教师易患的职业病，首先要经常参加体育锻炼，伏案工作时间不可过长。可以借助办公桌、椅子做做俯卧撑、扩胸、扭动腰肢、活动四肢等简便易行的动作；经常变换一下坐的姿势。眼睛疲劳时，可以上下左右转动眼球，还可以推开窗户，极目远眺。每隔两小时左右转动头颈各5次，有利于改善脑部血液循环，预防颈椎病。每天作几下吸气提肛的动作；多食粗纤维食物如蔬菜、谷类食物，能防治痔疮、便秘等肛肠疾病，并对心血管疾病有预防作用。

健康新标准

前不久,世界卫生组织对人的身体健康制定了新的标准,包括躯体和心理的健康状态。

躯体健康可用"五快"来衡量:

(1) 吃得快:进食时有良好的胃口,不挑剔食物,能快速吃完一餐饭。说明内脏功能正常。

(2) 走得快:行走自如,活动灵敏。说明精力充沛,身体状态良好。

(3) 说得快:语言表达正确,说话流利。说明头脑思维敏捷,心肺功能正常。

(4) 睡得快:有睡意上床后很快入睡,且睡得好,醒后精神饱满,头脑清醒。说明中枢神经系统兴奋,抑制功能协调,且内脏无病理信息干扰。

(5) 便得快:一旦有便意,能很快排泄完大小便,且感觉良好。说明胃肠肾功能良好。

心理健康可用"三良好"来衡量:

(1) 良好的个性:情绪稳定,性格温和,意志坚强,感情丰富,胸怀坦荡,豁达乐观。

(2) 良好的处世能力:观察问题客观现实,具有较好的自控能力,能适应复杂的社会环境。

(3) 良好的人际关系:助人为乐,与人为善,与他人的关系良好。

健康状况十项自测

一、自测食欲改变　因疲劳或感冒偶尔一两顿饭不想吃是可以的，但如果超过一星期，就应警惕了。胃部及消化系统其他器官（肝、肠）的肿瘤可能 有这些症状。如有进食发噎的现象更应注意，如果愈来愈重，这种情况可能是食道肿瘤的征兆。

二、自测日渐消瘦　这种进行性的消瘦，大都表明体内的消耗性疾病。

三、自测口腔白斑　口腔白斑是一种口腔黏膜角化病变，末期可有恶化趋势，它往往是口腔内常见的癌前病变之一。此病多发生于中老年人。

四、自测排尿异常　对男性中老年人来说，如果忽然出现尿频、尿急，每次排尿总有没有排净的感觉，这种情况有可能是男性的前列腺肥大或前列腺肿瘤在压迫尿道，需及时检查。

五、自测排便异常　如果一两个月内排便的习惯发生了变化，时而便秘，时而腹泻，时而两三天才排一次便，有时却又一天两三次或更多次地排便 ，这是肠道功能紊乱的最早征象，必须进一步检查。因大肠及直肠肿瘤，在早期就常有这类症状。

六自测无端出血　不该见血的地方，如果突然见血，要引起警惕。例如，痰、粪、便、尿、鼻涕中，不论是血丝、血点还是血块，都应警惕。

七、自测头晕头痛　如果经常清晨醒来头脑仍昏昏沉沉，头晕头痛，有可能是高血压或脑动脉开始硬化的迹象。

八、自测四肢发麻　凡是长期高血压的患者，如平白无故四肢发麻，有时甚至手脚大片麻木，有时则犹如昆虫在身体四肢爬行的痒麻

感,再加上头痛头晕,这些都是中风的前兆。

九、自测胸闷气喘 如果在安静的状态下,总感到胸闷、胸堵、心悸以及胸中突然蹦一下又停一下等症状,或在上楼(3~5层)以后气喘达半小时左右,有时还可能有心脏停跳,这经常是心脏功能不佳的早期表现。

十、自测连续咳嗽 平时无任何呼吸系统疾病也没感冒的中老年人,如果忽然经常咳嗽,就必须做胸部检查。因为这种咳嗽有时是肺癌的早期信号,尤其是干咳。

留意人体的报警信号

大多数疾病并非一夜之间出现,它们经常通过一些典型的报警信号,宣告疾病的存在。

皮肤干燥 干燥的皮肤缺乏防止霉菌、细菌和环境毒素侵袭的能力。其主要原因是:荷尔蒙失去平衡。雌酮片有助于治疗这种疾病。

头痛 经常头痛是一种严重的警告信号。头痛最常见的原因是:身体和精神过度疲劳紧张、脑血管痉挛。头痛也可能预示眼睛屈光不正。如果突然出现头痛,这可能是三叉神经受到损伤。

掉头发 一个人每天掉30~60根头发是正常的。如果每天掉的头发超过100根,那么就必须请医生诊治了。

口臭 嘴里如果发出丙酮的气味,那么,就有患糖尿病的可能。如果有"黏土味"的口臭,那么,就有患肝硬化或肝炎的嫌疑。某人的口臭如果有尿臊味,那么,他也许是得了肾病。呼吸时发出腐烂气味,这是大多是牙龈炎的征兆。

耳鸣 耳朵里有嗡嗡声或叮叮咚咚声,这经常是中耳炎的最初迹象,或预示可能患有高血压。

眩晕 如果某人突然严重头晕,并伴有头痛、恶心、呕吐或者意识障碍,那他也许患了脑溢血。

小腿肚痉挛 小腿肚痉挛的直接原因是,肌肉的血液供给量减少。身体内水分和盐含量不均,也会患此症。此外,体内缺镁也会导致小腿肚痉挛。

体重减轻 原因不明的体重减轻,并伴有咳嗽,是肺病的信号。体重突然急剧下降,可能是患了癌症。

如何评估身体健康

1. **心脏功能测试**。在1.5分钟内向前弯腰20次,前倾时呼气,直立时吸气,弯腰前先测定并记录自己的脉搏,此为数据Ⅰ;做完运动后立即再测一次脉搏,为数据Ⅱ;1分钟后再测,得数据Ⅲ。将三项数据相加,减去200,除以10,即(Ⅰ+Ⅱ+Ⅲ-200)÷10。如所得数为0.3:表明心脏功能极佳;3~6:为良好;6~9:一般;9~12:较差;12以上,应立即就医。

2. **体力**。如能一步迈两个台阶,快速登上五层楼,说明健康状况不错;如果气喘吁吁,呼吸急促,为较差;登上三层楼就感到既累又喘,说明身体虚弱。

3. **仰卧起坐测试**。1分钟为限,记录次数。20岁,45~50次;30岁,40~45次;40岁,35~40次;50岁,25~30次;60岁,15~20次为最佳。

4. **呼吸测试**。在安静状态下,正常呼吸,记录每分钟的呼吸频率(一呼一吸为2次),下述频率为各年龄段的最佳值,超过或低于该数值者属于欠佳:20岁,35~40次;30岁,30~35次;40岁,20~30次;50岁,15~20次;60岁,10~20次。

5. 屏气测试。深吸一口气，然后屏气，时间越久越好。再慢慢呼出，呼出时间，3秒钟最理想；最大限度屏气，一个20岁、健康状况甚佳的年轻人，可持续90～120秒；年满50岁的人，30秒左右。

养生保健的最佳时间

起床： 实验表明，早晨5—6时是生物钟"高潮"，体温上升，此时起床会精神抖擞。

锻炼身体： 冬春季头一二个月锻炼时间一般应在早晨6—7点钟。夏秋季太阳出来很早、早晨5—6点锻炼气候凉爽，空气新鲜。平时，上午10时，下午3时，做健身操对健康有益。

开窗通气： 每天上午9—11时；下午2—4时开窗通气效果最佳。此时气温已升高，逆流层现象已消失，沉积在大气底层的有害气体逐渐散去，而且这段时间居民的炊烟也较少。

饮水： 早起后喝一杯开水、可以补充体内水份，有"洗涤"肠胃作用，餐前1小时饮一杯水有助于消化分泌，促进食欲。

用脑： 上午8时大脑具有严谨周密的思考能力，10时精力充沛，下午2时反应最敏捷，晚上8时记忆力最强，推理能力在白天12小时内逐渐减弱。

散步减肥： 饭后45分钟左右，以每小时4.8公里速度散步20分钟，有利于减肥。

睡眠： 人体的"生物钟"在22—23时出现一次低潮，因此，睡眠的最佳时间应是21—22时。

喝牛奶： 最佳时间是在晚上睡觉前。因为牛奶含有丰富的钙，睡前饮用对于中老年人可补偿夜间血钙的低落状态而保护骨骼。同时，牛奶有催眠作用，睡前饮用有利提供睡眠质量。

打针：上午 9 时左右为佳，因为这时人体对疼痛不够敏感。

吃药：抗心绞痛药应在早晨服用，上午 7 时服用抗过敏药可延长疗效时间。上午 8 时服用皮质激素可提高疗效，减少不良反应。上午 8 时和下午 2 时服降血压药效果最好。晚上 7 时服用抗血铁剂，吸收可增加一倍。抗支气管哮喘药宜在睡前服用。

起居健身十六宜

面宜多搓：两手搓面，可使面容红润光泽。
发宜多梳：用 10 指梳头可以消除疲劳，清醒头脑。
目宜长运：双眼球左旋右转各 4 次，闭目少顷，忽然睁大，可清肝明目。
耳宜常掩：掩耳，低头仰头各 5 至 7 可使头脑清静，去掉杂念，消除头晕。
齿宜常叩：每日清晨睡醒之后，叩齿 36 遍，可使牙齿坚固。
口宜常闭：每日经常闭口调息，舌舔上腭，呼吸均匀和缓，可使气体通畅，津液自生。
津宜常咽：口中有津液要随时咽下，可健脾胃、助消化。
气宜常提：随鼻中吸气，经常做提肛动作，稍停，即缓缓呼气，久做可健康防病。
心宜常静：经常保持头脑清静，除杂念，可调气养神。
神宜常存：保持神态安静，情绪舒畅、乐观，可使身体健康。
背宜常暖：背部为肾脉所居，保持温暖可防感冒、固肾强腰。
腹宜常摩：食后用手抚摩腹部，可帮助消化，消除腹胀和便秘。
胸宜常护：经常用手摩擦胸部，可宽胸理气，增强心肺功能。
肾宜常裹：以两手紧抚外肾，闭口调气、可坚肾强腰。

言语宜少：多言则耗气，缄默则养气，故言不宜多。

肤宜常浴：两手搓热常搓擦周身皮肤，状若休浴，可使周身气血通畅，舒筋活血。

清晨饮水最科学

利尿作用　清晨空腹饮水15至30分钟就有利尿作用，1小时可达高峰，清晨空腹饮水利尿作用表现为最快速而明显。**排毒作用**　动物蛋白质在体内经过代谢分解，产生一定的毒性物质，这些毒性物质必须尽快从尿中排出。而一些人晚上不愿多饮水，怕影响睡眠，以致早上第一次尿液很浓、颜色很深，所以早上起床后有必要饮水促进排尿。事实证明，一个人3至5天不排大便关系不大，但若2至3天不排小便。毒性物质就会在体内蓄积，继而进入脑内刺激脑组织，引起神志上的改变。**可防治高血压、动脉硬化的发生**　与食盐中钠离子在血管壁上沉积有关。若在早上起床后马上喝杯温开水，可以把头天晚餐吃进体内的氯化钠（即食盐）很快排出体外。**通便作用**　一个人排便的时间最好在起床后半小时，这样可以把一天一夜积于肠道内的毒性物质排出体外。大便前若能先饮水一杯，可以起到刺激肠蠕动的作用，使您在排便时感觉轻松省力。**防治泌尿系统结石及泌尿系感染**　泌尿系结石与尿液过浓以及尿酸盐、草酸钙等盐类沉积有关。早上饮水能马上起到利尿、稀释尿液、使尿酸盐结晶不易沉积的作用。有细菌感染时，大量饮水，细菌又可随尿液排出体外，缓解症状。

声音与健康

凡是人们不需要的，令人厌恶的声音都被称作噪声，即使那些动听的乐声，当它影响人们工作和休息时，也同样被列入噪声范畴，这由判别者所处的环境心态和主观愿望来决定。从物理学的观点来说，声音起源于振动，噪声是由于非周期性振动发出的声音，悦声是呈周期性振动的声音。

悠扬悦耳的乐曲能使人心旷神怡，消除疲劳，亦是促进健康的环境因素。如音乐作品的振动频率在 10～20000 赫范围内，而酶在人体内进行催化过程也有类似频率，因而音乐可刺激人体分泌酶和激素，调节血压与神经兴奋强度，故有促进身体健康、延年益寿和治病的作用。如苦于不寐的患者能在柔和的旋律中渐渐进入梦乡；狂躁不安的病人能在轻缓的乐曲中恢复稳定的情绪；患有病痛的人能在悠扬的歌声和乐曲中逐渐忘却病痛，可促使疾病日趋痊愈。还有让运动员在赛前听一些音调和谐，节奏缓慢的乐曲，可取得较好成绩。

杂乱烦人的噪声威胁着人们的身心健康，引起失眠、疲劳、头昏、记忆力衰退等症状。

为此，国家规定了城市区域环境噪声标准：白天为45～70分贝，夜间35～55分贝。而闹市交通噪声为80～90分贝，喷气式飞机噪声130分贝，工厂机械声80～120分贝，施工打桩机噪声为105分贝，纺织广织布机噪声110分贝。家庭电视机、缝纫机噪声50～80分贝，夜间有60分贝的噪声就能使70%的人丛梦中惊醒。因此，声音对人体的影响有双重性。

老师请保护好嗓子

每位教师都愿有一副好嗓子，因为洪亮而富情感的讲解，对激发学生的学习兴趣和提高教学效果有很好的作用。然而，由于教师每日用嗓时间长，音量普遍较高，加上有的老师不了解正确的发音方法和嗓子的保护方法，致使不少老师患有声带和咽喉疾病，既影响教学效果，又不利于身体健康，应引起重视。

预防声带疾病，保护嗓子，首先要注意发音方法。发音时、尽量用腹式呼吸；少用胸式呼吸；同时，音量宜高低适度。女教师在经期，尤其是在月经来潮的前夜和第一、二天，应注意减小音量，防止用嗓疲劳而声带充血。可时常走下讲台，在学生课桌中间来回走动讲解，这样有利于保护嗓子。

其次，应经常保护咽喉清洁、湿润。课前课后可多喝些温开水、淡茶水，并经常以淡盐开水漱口，也可用胖大海泡开水代茶喝，这时预防咽喉炎、防止声音嘶哑有很好的作用。

再次，应养成良好的生活与卫生习惯。如科学合理安排休息时间，戒除烟酒，不吃过冷、过烫、过辣及过咸食物，避免咽喉受到强烈刺激，这有利于保护嗓子。

平时应注意加强营养，坚持体育锻炼。如坚持每天做操，或跑步、打太极拳、球类运动等，可增强体质和提高机体抗病能力；锻炼时，要用鼻呼吸，不要张口呼吸或边锻炼边说笑，以防冷空气直接刺激咽喉。平时要注意预防感冒和咳嗽。

保持良好的心理状态也至关重要。嗓子的好坏与人的心理状态有密切关系。因此，教师要注意加强心理保健，努力控制和调节自我情绪，不要因为学生做小动作等而大声训斥、声暴如雷，应培养自己以最佳心态施教。

此外，如出现咽喉疼痛、充血和声音嘶哑等症状时，应及时注意声带休息，进行消炎和治疗。如口含润喉片，也可用笋片煮汁含漱，或用竹笋100克切片蒸熟服用。一日2次。在平时，常以蜂蜜加适量开水冲服，有清热、消炎的润喉作用。

教师应学会科学用嗓

在人的四个发声器官中，激发器官——声带，是最为重要的器官，它极为娇嫩，如果使用不当，极易造成损伤，就会出现声音嘶哑或失声，所以教师应学会科学用嗓。

一、注意保护教学环境的肃静。教室不宜过大、讲台不宜过低，教师应保持在课堂安静的情况下进行讲课，不要与学生的说话声相抗衡。

二、加强课堂教学的艺术性。不断改进教学方法和技巧，以吸引学生的学习兴趣，发挥学生的学习自觉性、积极性，这是教师减少用嗓的最好办法。

三、平时讲话声不要过高，应保持平静心态，不要过急过快，不要提高嗓门大声喊叫。如患了呼吸道疾病时，一定要到医院及时治疗。

四、注意加强身体锻炼，预防感冒。伤风感冒易使黏膜发炎，此时若继续用嗓，就会使病情进一步发展，形成慢性喉部疾患。

五、定期检查身体，注意全身健康状况。一个人的嗓音好坏，受整个发音器官功能、发音方法和全身健康状况几个方面因素的影响，平时不仅要学会保护嗓子，还应掌握一定的科学发音方法，多做深呼吸、多注意用高位置的声音来讲话，还应注意一些慢性疾病，如慢性咽炎、慢性鼻炎、鼻窦炎，扁桃体炎都会影响嗓音。

六、女教师在每次月经来潮的过程中，应尽量少用嗓音，以免造成声带损伤。

七、讲课用嗓后或激烈运动后不宜饮用过冷的水。这样会使扩张的血管剧烈地收缩，引起病变。平时应养成良好的卫生习惯，烟、酒不宜过量，尽量少食用带有刺激性的食物。

著名京剧大师梅兰芳先生从艺以来十分重视过嗓音的保护，曾给我们留下了概括性保护嗓音的名言："精神畅快，心平气和，饮食有节，起居以时，寒暖当心，劳逸均匀。"他的经验之谈，值得我们认真借鉴，学会科学用嗓。

用脑也须养脑

脑力劳动者，其大脑长期处于紧张状态，久而久之，脑供血紧张度增加、脑供血明显不足均时常发生，因此，易患头晕头昏、失眠多梦、记忆力减退、精神错乱等神经性疾病。近来，科学家们建议，对于脑力劳动者来说，平时除了强化自我保健意识、完善自我保健措施外，还需做到下列几点：

养脑、健脑。首先要保证有良好的工作、学习环境，主要表现为光线好、空气流通、无噪声干扰。其次，要合理用脑。当脑力劳动时间过长时，或欣赏悦耳音乐、或观赏盆景花卉、或散步于庭、或打拳舞剑、或闭目冥想、或脑部按摩等，这对养脑健脑颇有神益。此外，供给脑细胞充足的营养物极为重要。经营养学专家们研究比较，有助养脑、健脑的食品有：植物类，如核桃、黑芝麻、瓜籽、杏仁、栗子、小米、豆类等；动物类，如鸡、鸭、鱼、虾、动物内脏、海洋生物类等。

适宜运动。运动可使大脑皮层的兴奋和抑制得到良好的调节，使脑神经细胞疲劳获得缓解。另外，运动时血液循环加快、呼吸加深、代谢旺盛，以便给大脑供给更多的氧、蛋白质、糖类等，致使脑细胞活性明显增强。

保证充足睡眠。良好、充足的睡眠可以消除机体身心疲劳，调节各种生理机能，稳定神经系统的平衡。对"养生健体"颇为有益；而长期睡眠不足，不仅损害神经系统、心血管系统、消化系统的健康，并且还将导致器质性病变的发生。

节欲健脑。祖国中医学认为，肾精充足则脑力强健；肾精亏损则脑髓空虚，表现为头昏耳鸣、记忆健忘、反应迟钝等。故此，对于用脑者来说，应节制房事，可防止脑的早衰。

女教师的营养保健

想到教师这个行业时，人们的眼前往往浮现出一些优雅、睿智的女性。她们或是在黑板前循循善诱，或是伏案备课，或是在图书馆中查阅资料。教师的工作看似轻松，实际上却十分繁重，如果不注意自我保健，很容易影响身体健康。

教师的工作特点是以站姿和坐姿为主，精力高度集中，而四肢自由活动的机会少。一天工作之后，往往感到颈、肩、腰部疲劳，眼睛酸痛，头昏脑胀。教学任务重的教师还会感到腿部劳累、声带疲劳。同时，随着年龄的增长，女教师们往往感到腹部容易堆积脂肪。

实际上，肌肉的疲劳主要是由于长时间保持一种体位，使得部分肌肉疲劳，身体血液循环不畅通造成的。办公室和教室难以为老师提供身体锻炼的空间，而回家之后又有家务缠身，更难有闲暇做体操或是健身。这种体力活动量小而精神紧张的生活，对保持充沛精力和健美体型十分不利。运动不足使膳食所含热能难以被完全消耗，便容易沉积在体内，而腹部首当其冲。同时，缺乏运动导致肌肉松弛，更突出了腹部赘肉。

因为工作的繁忙，女教师们常常不认真吃早餐，午餐质量也难以保证。市售的各种方便食品往往以高热能的食物为主，缺乏维生素、矿物质和膳食纤维，营养平衡所不可缺少的绿色蔬菜、豆类和杂粮因为烹调麻烦往往被忽略。

实际上，B族维生素对代谢肌肉中的乳酸、将食物中的淀粉变成能量是必不可少的，也是神经系统兴奋时所必需的物质。B族维生素不足时，人体难以恢复疲劳，工作效率也会降低。维生素C会提高人的抵抗力和抗应激能力；维生素A则对眼睛的保健极其重要。

因此，女老师的自我保健应从饮食调理和适当运动两方面着手，而这些并不难做到。

——每天喝牛奶2杯，可提供蛋白质12克，钙400毫克，以及大量的B族维生素和维生素A、D，是美容健体的秘诀之一。牛奶中的脂肪含量仅3%，而且具有饱腹感，不会使你发胖。盒装牛奶饮用方便，可以在上午感到疲劳时饮用，但要注意看成分说明，其中纯奶的含量是否在90%以上；胃肠不适应喝牛奶的女性可选择豆奶或酸奶；

——每天吃蔬菜500克以上，其中深绿色的蔬菜250克，如芥兰、西兰花、豌豆苗、小白菜、空心菜等，它们含有丰富的膳食纤维、胡萝卜素、维生素C、钙和铁等。晚餐时先吃一大盘蔬菜再吃主食和荤食，自然不会吃得太多，是预防肥胖的好办法；

——每天吃主食300克，其中最好有1~2种粗粮，例如燕麦、玉米、小米、甘薯、豆子等。这些粗粮中含有丰富的膳食纤维和维生素B族，可以提高淀粉分解的速度，帮助清除体内的垃圾。早晚吃些大米和豆子合煮的粥对身体很有帮助，它们能够补充营养，也能滋润肌肤；

——少喝可乐、雪碧等甜味饮料，把它们换成白开水或茶，就可以减少发胖的机会。甜饮料中含有10%的糖，一听可乐与小碗米饭中含的能量同样多；方便面、油炸食品和小甜饼都是营养不平衡食品，含大量脂肪却缺乏维生素，因此应尽量少吃；

为保护嗓子，应在每日早晨起床后喝一杯淡盐水或淡蜂蜜水再进早餐，以滋润咽喉，减轻咽喉疾病的困扰。每日还应注意喝5~6杯水，少吃油腻、辛辣食物。

与此同时，可自己摸索一些不需要场地的运动方式。首先坐姿要端正，减少脊柱的负担。伏案1小时之后，应起身舒展四肢，做扩胸运动、转颈运动和转腰运动，可避免肩、背、颈的疲劳。为减少腹部赘肉，并促进双腿血液循环，每日可做紧腹运动1~2次。其方法是仰卧床上，用手从下面托住臀部，然后将双腿抬起至与床垂直，再非常缓慢地将腿放下。如此反复20次。然后下身不动，努力将上身向上抬，不必坐起，尝试10次。待腹肌发达后，可逐渐增加次数。这个简单的床上体操对健美腹肌、缩小腰围十分有益，也有健腿作用，半个月后便可明显见效。

不需去豪华的健身房，不需要买昂贵的营养品。合理的饮食加上适当的锻炼，一样能使女教师们青春永驻。

伏案工作者与"低头综合症"

在颈肩部疼痛的患者中，在约有60%的人与长期低着头进行工作、学习有关。这些人通常被称为"伏案工作者"，如教师、编辑、记者、作家、绘图员、打字员等。他们因长期低头工作，头颈部持续处在低头位置，很容易引起颈肩痛发生。

一般来说，伏案工作者患的颈肩痛，既不是典型的颈椎病和颈肩部软组织劳损，也不像特定的眩晕症，而是这几种疾病部分症状的组合，医学家称之为"低头综合症"。据专家介绍，"低头综合症"的主要症状包括：颈肩部或颈背部酸痛、僵硬、沉重或疼痛不适，重者还可出现头痛、头昏、眼花、眩晕、耳鸣、恶心

等感觉。部分病人在肩胛区、肩部和上臂有一阵阵的麻木感,少数患者会造成视力减退。

根据医学机理分析,经常久坐、低头工作或学习,颈、背、肩部肌肉持续地处于紧张状态,局部血液循环受到影响,供氧减少,组织代谢产生的二氧化碳和乳酸在局部蓄积,刺激了肌肉里的神经末梢,从而导致该部位肌肉疲劳、酸痛、僵硬或萎缩;由于头颈处于不正常方位和姿势,还会使颈椎动静脉受到牵拉,变得迂曲,造成头脑血循环障碍,引起头昏、脑胀、眼花、耳鸣等症状。至于视力减退,可能是经常低头,眼内充血,使睫状肌疲劳而引起的。

伏案工作者一般可以采取以下措施预防和治疗低头综合症:首先要经常进行颈、肩、背部肌肉锻炼,每天抬头、曲颈、左右转颈50次以上,并做扩胸、仰伸、耸肩各25次;夜间睡眠时应降低枕头高度,以一侧肩宽为宜;此外,在平时伏案工作或学习时,每小时至少休息10分钟,还可到室外散步、远眺等。对已发病者,治疗时除对症施以药物治疗外,还应以自我按摩为主要方法:即用手指按摩太阳穴,开始轻然后逐渐加重,直到局部感到酸胀为止,随后用手指在耳上方到风池穴之间,来回按摩捋拉2~3分钟;再找到颈背部酸痛点,按摩1~2分钟后,头部前屈后仰、左右旋转活动数次。按照上述步骤每日早晚各做一次,一般半个月左右便会收到满意的效果。

晚间伏案注意保健

英国预防医学者指出:夜晚人体的免疫抵抗力相对较薄弱,假如此刻有吸烟或疲劳等因素干扰机体,长此以往很容易犯病。为确保晚间伏案的机体健康,必须注意:(1)不抽烟:有人觉得抽烟能促进思考,其实这是没有科学根据的。国外有人认为,烟云中的尼古丁、焦油和苯并芘等毒物，在人体平静状态下，恰恰容易侵入并溶解于血液中，造成机体中毒。再则，晚间吸烟也污染了寝室，使被动吸烟者同遭损害。（2）掌握工作时间：晚间伏案一般到 11 时左右为好，如时间过长，体内的荷尔蒙发生紊乱，第二天会产生头晕困乏等症状，严重的还影响工作，扰乱内分泌系统的代谢活动。（3）不宜久坐：一般伏案坐两小时后要作点肢体活动。如深呼吸几次，伸曲手臂和下肢，以缓解机体某些紧张着的肌肉，这对继续工作有利。（4）晚点必须适中，晚间伏案的确消耗了大量的能量，首屈一指的是大脑，如不及时的补点食品，大脑会因缺氧而无精打采，从而引起大脑暂时性的迟钝，然而点心一旦吃得过饱，对胃肠道有较大的副作用，入睡后胃内食物的消化活动，可影响正常的睡眠质量。

脑力劳动者补啥好

大脑的重量只占人体重的 2%，但其耗氧量却为人体耗氧量的 25%。脑力劳动者无论从全身的需要还是从保健出发，适当加强补养是十分必要的。

对大脑来说，热量只能来自葡萄糖。因此，应当有足够的主食，以保证有足够的热量供大脑活动的需要。在进行长时间的复杂脑力劳动时，口里含水果糖块是有一定好处的。同时还应多增加维生素。维生素 B_1 能促进糖的代谢，有营养和保养神经作用；维生素 C 则是蛋白质及热量代谢的必要物质。而维生素 B_6、B_{12} 都有保护及镇定神经之功能。因此日常饮食中，应多选些新鲜蔬菜、水果、红枣和鸡蛋、猪肝、瘦肉、鱼、豆浆等营养丰富的食品。

教师夏季谨防颈肩病

颈椎病、肩周炎是教师最常见的职业病,是影响教师健康的重要原因之一,秋季发病较明显,而治疗和预防颈肩疾病的最佳时机则在夏季。

夏季,阳光直射,辐射强、温度高,正是进行治疗的好时机。具体做法是:做3~5块小棉包(长20厘米、宽15厘米、厚1厘米),上午9点以后放于阳光下,暴晒至中午阳光最强时。然后在阴凉处将晒好的小棉包放于颈、肩部进行热敷,使棉包内贮存的热量由外向体内渗透,至温度降低方止。几块棉包交替使用效果最佳。热敷时间在1小时左右,期间注意适量饮水。10天为一疗程,一般2~3个疗程后,病症会明显减轻。另外,还可配合穴位按摩和药物治疗,做到秋病夏治。

夏季为多雨季节,防患于未然,预防很重要,因此应经常保持透光通风,防潮祛湿,使室内适度干燥,床上用品经常晾晒,夜晚休息时注意颈、肩部位不要受潮着凉,做到秋病夏防。

失眠患者的药粥调理

失眠在中老年人中较为常见。中医认为失眠可由多种原因引起,如气郁化火,扰动心神;胃中不和,痰热内扰;阴虚火旺,心肾不交;思虑劳倦,内伤心脾等。

现介绍几方调理失眠的药粥,患者可根据自己的情况选用。

1. 百合粥：先将百合剥皮去须，洗净切碎。每次取百合 30 克，糯米 50 克，加水 400 毫升，同入砂锅内，煮至米烂汤稠，加冰糖适量，早晚分食，20 天为一疗程。

百合味甘而微寒，润肺清心，止咳安神；糯米滋养肺胃。合两为粥，肺气得润，是滋肺养胃，清心安神的良好药粥。对肺燥咳嗽、虚烦心悸、失眠多梦有一定治疗作用。

2. 磁石粥：将磁石（中药店有售）打碎，取 30~60 克放于砂锅内，加水 300 毫升，猛火煎一小时，滤汁去渣。入粳米 100 克，加水至 800 毫升，煮成稠粥；每晚睡前温服。

磁石质重性寒，主要用于肾虚肝旺之症。与米煮粥，对老年性肾虚肝旺的头晕目眩、心悸失眠治疗效果较好。

3. 酸枣仁粥：每次取酸枣仁 30 克，捣碎，用纱布袋包扎好；另取粳米 50 克，同入砂锅内，加水 500 毫升，煮至米烂汤稠后停火。去掉纱布袋，加红糖适量，盖紧锅盖焖 5 分钟后再服食。每晚临睡前一小时温热服用。

酸枣仁味酸微甘，养心益肝，为治疗虚烦不眠的良药。加糖适量与米为粥，酸甜爽口，安神而宁心，收敛而止汗，故对心悸、失眠、虚汗有很好的疗效。

4. 夜交藤粥：每次取夜交藤 60 克（击残叶），用温水浸泡片刻，加清水 500 毫升，煎煮 15 分钟后去渣。在约 300 毫升的药汁内，加粳米 50 克，白糖适量，大枣 5 枚，再加水 200 毫升，煮至米烂粥稠，停火焖 5 分钟即可，每晚睡前一小时趁热服食，连服 10 天为一疗程。

夜交藤性味甘平，与粳米为粥，养心益气，安神催眠，且无任何毒副作用和不良反应。顽固性失眠、神经衰弱者长期服用颇有益处。

护齿八法

一是"漱"：包括水漱和干漱。水漱可以消除齿间残渣碎屑。早晚用淡盐水漱口，能杀菌洁齿，防治蛀牙等病；干漱，亦称"鼓漱"，即用唾液鼓漱36次，然后分三口咽下。

二是"刷"：牙刷要软硬适中，且每三个月更换一次；牙膏用完一支就要换一个品种；刷牙应顺牙缝竖刷，里外都刷。

三是"剔"：一部分人，特别是中老年人，在吃瘦肉和纤维食物之后，牙缝间填塞残留物甚多，漱之刷之仍难去除，故应备消毒牙签加以剔除。牙签以消毒木签最为适用。剔时，动作宜缓，用力宜轻。

四是"炼"：占有"菜根炼齿牙"之说。适当吃些有一定硬度的食物，如牛筋、芹菜、瘦肉等，对牙具有锻炼作用和防病效果。当然，牙齿用力不可过猛。

五是"叩"：叩齿是一种高效健牙术，为了使牙龈血脉流畅，颌骨动作灵便，防止各种牙疾，提高咀嚼功能，应坚持每晨叩齿。就是上下牙适中力度的叩击，次数可因人而异，逐步增加，最后稳定在360次左右。

六是"舔"：用舌头紧贴上下牙龈转圈，正反各9次；然后，用舌尖在上硬腭处正反各转9次。这是对牙齿内环境的一种按摩，具有健齿效果。

七是"咬"：这里特指在大小便时咬紧牙关，这样做，有利于固精、牢齿和排便。

八是"封"：古人说："唇齿相依""唇亡齿寒"。所以，除了吃饭、谈话之外，其余场合（包括睡眠）均应"封唇"，从而保护牙床周围的正常温度和适当温度。这是对牙齿外环境的一种保护。

"第二心脏"保健

脚宜常洗 洗脚是一种良性刺激,能促进全身血液循环和新陈代谢加快,活跃末梢神经,增强记忆力,还可预防足癣、干裂、冻疮以及下肢浮肿、麻木、四肢不温等症。同时,通过经络的作用,可防治神经衰弱、夜尿频、便秘、眩晕、失眠、关节炎等。

脚心常摩 现代医学证明,人的脚掌上密布着许多血管,脚掌上无数神经末梢与大脑紧密相连,刺激脚掌能使末梢神经敏感度增强,使植物神经和内分泌功能得到调节,使人感到脑部舒适轻松,有利于消除疲劳,改善睡眠,从而起到延缓衰老、防治疾病的效果。脚要勤动,从生理角度说,多走路不仅能健足,而且对人体各器官系统有良好的调节作用,使之新陈代谢旺盛,血液循环加快,心脏跳动缓慢有力,肺活量大,特别能增强下肢肌肉的力量。同时,由于走路时隔肌上下运动加强,加上腹壁肌肉运动对肠胃起到按摩作用,故还可以促进消化液分泌,提高消化吸收功能,改善内分泌功能,预防感冒等多种疾病。**脚应保暖** 人的双脚表面温度为28℃至33℃时感觉最为舒服,而降到22℃以下时,就易患感冒等疾病。**脚病早治** 常见的脚病有胼胝、鸡眼、嵌甲、跖疣、足癣、甲癣、皲裂、冻疮、骨质增生等,这些疾病均有相应的医治方法,应及时到医院检查治疗,力争早日痊愈。脚须适履许多足病是由于穿鞋不合适造成的,如鸡眼、跖痛等。双足往往左右不一,而且在一天之内有一定的波动,春夏秋冬四季也有异同,提足与着地承重时足的大小改变更大。

适度疲劳对健康有益

疲劳是指持久或过度劳累后引起机体不适和工作效率减退的一种反应。这种反应是由于脑力劳动或体力劳动后，能量供不应求，于是体内肝糖元或肌糖元便分解供能。糖元分解后的废物乳酸，在体内堆积，反射性地引起局部血管扩张，于是，机体产生肌肉痛、四肢无力等感觉。其实，这是机体的一种保护性反应。有人认为疲劳是一种病理状态，对身体有害，这是一种误解。一般只要采取动静结合，适当休息，即可消除。

从生理和年龄方面看，女性比男性容易出现疲劳；年轻人易疲劳也易消除疲劳，而老年人则相反。

有些人害怕疲劳，惟恐疲劳会加重或诱发疾病；也有些人担心疲劳会使能量消耗增大，于是很少活动，但往往仍感到很疲劳。这正是因为减少活动而使新陈代谢降低，能量消耗少，使血中的糖元无用武之地所致。这样，不仅影响食欲，而且会使糖元转化成皮下脂肪。由于肌肉缺少活动，肌肉中的肌糖元无需分解供能，从而肌内储存能量的能力减弱。所以，长期缺少活动的人，稍一活动便心跳气喘；而从事重体力劳动的人，糖元储存量多，肺活动量大，大脑指挥协调统一，节省能量消耗，反而不易疲劳。

另外，还有一些人由于情绪不稳定，尤其是精神压抑或忧虑，使脑细胞耗能过度，产生各种不适，这是属于心理性疲劳。解除这种疲劳需转换情绪，进行心理治疗，这种疲劳如不清除，则会影响机体的生理机能，直至发生疾病。

实践表明：人体需要适度疲劳，也就是需要一定的活动量。适度的疲劳对人体有益无害，能消耗体内多余的能量，还预防肥胖、神经衰弱等症。

硬撑着有损健康

医学专家指出，如果硬撑着身体拼命干，是对身体健康的一大威胁，因此告诫人们应注意在几个方面切忌"硬撑"。

生活起居不能"硬撑"。晚上头昏欲睡时不要强用咖啡或浓茶刺激神经，以免发生神经衰弱、高血压、冠心病和溃疡病。经常憋尿可引起下腹痛，甚至引发尿路感和肾炎的发生。

身患疾病不能"硬撑着"。有的人工作或学习时，废寝忘食，有了头痛、发烧等不适症状，不予重视，不去就医，一直硬撑着去干，以致酿成重病。

饮食上"硬撑"更有害。经常饱一顿、饥一顿，饮食上无规律，易致胃肠痉挛、低血糖，甚至昏迷、休克，经常忍饥不进食，还可能引发胃溃疡。

身体疲劳时不能"硬撑着"。当你在劳动、工作或学习时，一旦感到周身乏力、肌肉酸痛、头昏眼花、精神不振等情况时，就需要休息、休整、好让疲劳消除，以利再战。

上班族的健康术

1. **办公椅** 健康的椅子让你坐上去，脚底触地时膝盖恰好呈90度，膝盖下方的小腿要在前伸五六厘米，如果双腿长时间往内收，会造成血液循环不顺畅。为避免背部承受太大压力，不要坐得笔直，身体稍微往后靠，使脊椎骨自然弯曲，腰背部有椅背相靠可减少酸痛。

2. **不要坐着取物**　常需要伸手取物，或弯腰取物的人，不可坐在椅子上取物，因为坐着转动椅子会伤背，不如站离座位去取。

3. **调整电脑终端机**　可调整电脑终端机，视线高度适中，不必仰头或低头看荧幕，头部应保持自然，不要伸长脖子肩膀前倾。键盘距离刚好，不必伸直手臂打字。操作电脑的人每隔一段时间，视线要转移，眨眨眼纾解视神经的紧张。

4. **放置绿色盆栽**　在办公室放置绿色盆栽，能达到清新空气的效果，办公室里的纸张、油墨、打印机的毒气都容易使人疲劳。

5. **咖啡和茶不如水**　咖啡因加上精制糖，进入人体会消耗肾上腺素，加速疲倦，工作六七小时后疲惫不堪的最大原因是体内水分丧失。因此，喝一大杯水即能恢复活力，喝果汁也有帮助，果汁中的果糖能稳定血糖。

6. **找机会做运动**　在办公桌旁有多种简单的健身运动可做，午后休息时间也可尽量用来消除疲劳，做一些简单的运动，这样不但松弛精神上的紧张，还可调整身体状况，不致使其一条筋肉的疲劳感扩散到其他肌肉上。

7. **适当休息**　如果很困的话，可以做一些轻微的活动，然后以舒适的姿态坐下，或与同事聊天，或到阳台呼吸户外空气，都能帮你解除疲劳。

8. **用冷水洗脸**　怎样消除精神疲劳呢？最方便快捷的方法莫如用冷水洗脸。因为办公室的温度温和，使皮肤所受的刺激减少，致使身体易发困。洗了脸，精神会为之一振。如果脸上因化妆而不便洗脸，可洗洗手，或在颈部抹一些冷水也有效果。

伏案工作者应注意五种疾病

长期伏案工作的人倘若不注意自我保健，有五种疾病会找上门来，这是不容忽视的。

骨骼肌肉疾病：长期伏案低头可致使颈部血液回流不畅，部分肌群使用过多，以及久坐下肢运动少，这些均可造成颈椎病、骨质增生等疾病的发生。

心血管疾病：长期室内伏案工作，活动量不足，全身肌肉收缩所产生的静脉回流力量减弱，会诱发动脉硬化、高血压、冠心病和脑血栓等。

消化道疾病：常坐的人胃肠道的蠕动能力降低，因而容易发生消化不良、便秘、慢性胃炎和痔疮等疾病。

呼吸道疾病：长期室内工作，见阳光少，呼吸新鲜空气少，不但可导致肺活量减少，而且呼吸器官的功能也相对减弱。容易患感冒、气管炎等呼吸系统疾病。

神经精神疾病：伏案工作是脑力劳动，大脑需要充足的血液以及氧气供应，坐得太久，工作时间过长，可引起大脑的血供不足，从而出现头晕脑胀，视力减退的表现，甚至可引起神经衰弱。

以上所说种种，都是由于缺少运动所致，所以对付这五种疾患的原则就是一个字：动。比如伏案工作 1.5~2 小时之后最好到室外做一些体育活动，如果没有这样的条件也可以在室内来回走动或在座位上伸伸懒腰，活动一下四肢，特别要注意抬头、向后仰，并向左右转动，同时工作时要注意勤变姿势。

办公室里保健法

动静适度。久坐伏案，适当活动肢体，深呼吸、扩胸、下蹲、腰部左右侧屈，头部左右转动，眼睛左右侧视。从上到下或从下到上，让全身都得到活动，可促进气血周流，舒筋活络，提高工作效率。

静养内视。微闭双目，心无杂念，意念全身各部放松，随着深呼吸运动，由头至脚，如温水蒸气浸润全身。如此做3～9次，顿觉轻松舒适，疲劳顿消，其目的在于加强内脏的锻炼。

按摩头面。头面为阳气汇聚之处，加强头面按摩，可促进头面血液流动，解除焦虑，美容明目。

1. 梳发，微展五指，以中指为中心，从头额部向后梳至枕部，3～9次，可使头发光洁柔软，改善血液供应；

2. 摩面，揉太阳穴，轻刮眼眶、鼻梁，有美容保健作用。

3. 叩齿，稍用力咬合上下牙齿，可起到固齿作用。

4. 敲天鼓，双手无名指塞入耳道，中指食指叩击后枕部，耳内可听到如鼓之声，可防治眩晕、清醒头目。

5. 拉耳垂，耳垂上有许多穴位，常拉耳垂，可刺激该部位穴位，有调节神经内分泌的功能。

中年教师的"加减乘除"养生法

林肯有句名言："生活从40岁开始。"也就是说，中年人年富力强，任重而道远。尤其是作为中年教师来说，更是"承上启下，继往开来"的教育教学的中坚力量。然而，中年教师也处在疾病的"多事之秋"。所以，中年教师应注意生活中的"加减乘除"，做好自我保健，才能更好地从事教育教学工作，同时为健康长寿打下基础。

"加"：即扩大爱好，陶冶情操。随着岁月流逝，生活、工作的重担使中年人的体力、精力都有所下降，易疲劳，各种疾病就会趁虚而入。因此，在工作之余，应努力培养自己的各种兴趣，如下棋、散步、养花、钓鱼、跳舞及积极参加各种体育锻炼等。

"减"：即去掉心理压抑，戒掉不良嗜好。这对于中年人来说尤为重要。"心胸豁达则百病除"。因此，平时应化愁绪为乐观化抑郁为开朗。学会并掌握控制、宣泄和排除恶劣情绪的方法。此外，中年教师还应摒弃一切不良嗜好，如吸烟、酗酒、熬夜、嗜赌等，以免酿成疾病以至"雪上加霜"。

"乘"：即热情社交，诚挚交友。这样，会使人如鱼得水。一些中年教师往往囿于工作或其他因素，疏于社交，天长日久，孤独之感、烦躁、苦恼等不良情绪便会成为"不速之客"，找上门来。为此，平时应主动结交一些志同道合的朋友，尤其是多与年轻人交朋友，这对身对健康有裨益。

"除"：即祛除怒气、怨气等不良之"气"，化干戈为玉帛。在现实生活中，"逆我者"常有，不如意之事亦常有，但不可动辄怒火中烧或大动干戈。祖国医学认为：大怒伤身，大气伤神。现代医学研究证明：人发怒时，体内释放的肾上腺素和去甲肾上腺素增多，使血液流速加快，血压升高，心脏负担加重。尤其是对于患有高血压、冠心病、动脉硬化的人来说，暴怒无异于火上加油，甚至会导致严重后果。

中风与"六小时"

脑血管意外,又称中风。分为出血性中风和缺血性中风两大类。出血性中风是指脑溢血,蛛网膜下腔出血;缺血性中风,又称脑梗塞,是指脑血栓和脑栓塞。脑血管意外的致残致死率很高,已上升为人类的第二大杀手。

脑血管意外发作的6小时内是抢救的关键,所以有人提出了"6小时"的概念。我国著名神经病学专家、中国医科大学教授李绍英曾列举了一个因为不懂"6小时"而丧失了宝贵生命的典型病例:东北大学阿尔派软件园中,有一位四十岁出头、刚从国外留学回来的中青年骨干。一天早上,他感到头痛恶心,但还是挺着去上班。近中午时分,再一次剧烈头痛发作,他仍然坚持着工作。结果,傍晚时,在又一次难以忍受的剧烈头痛发作中,失掉了年轻有为的生命,根本没有来得及抢救,李绍英教授惋惜地说,他死得太可惜了,如果懂得"6小时",是可以抢救过来的。

所谓"6小时"的意思是指脑出血病人在6小时内果断采取措施,完全可以使出血止住或出血减少,从而挽救病人的生命。人的脑血管被阻塞后,如在6小时之内得到疏通,脑细胞活动可迅速恢复正常。但一般超过6小时以后,受影响的那部分脑细胞就会因坏死而无法救活了。可惜老百姓很少知道这个"6小时"的概念。李绍英教授等医学专家认为,在患脑血管神经系统疾病的人群中,至少应有70%的人是可以预防的。一是从生活上心理上进行预防,另一个重要的方面,是要让"6小时"人人皆知。

随着现代生活节奏的加快,人们的精神压力也越来越大,患高血压的病人逐年上升,高血压病人最容易发生中风,本来是中老年人常患的中风，也日趋年轻化。预防中风就要防治高血压，而调节心理压力，保持良好的心态是防治高血压病的关键。另外，随着生活的富裕，饮食上逐渐形成了高蛋白、高脂肪、高糖类的习惯，这种饮食习惯应该得到改变。专家们指出，脑血管疾病与饮食关系密切。比如，红细胞本来是扁形的，如果过蛋白质就会把体内的红细胞养得过"肥"，由扁变圆的红细胞，在通过微血管时，就会把微血管堵死，发生脑血管堵塞的病症。

其次，脑血管意外的发生是有信号的。有的表现为头痛头晕、恶心呕吐；有的则出现肢体麻木、耳鸣眩晕；有的人成天昏昏欲睡、孤僻寡言；有的人一只眼睛突然失明，或鼻出血；还有的出现"小中风"，如突然嘴歪、流口涎、说话困难、吐字不清，失语或语不达意，四肢一侧无力或活动不灵，持物跌落，走路不稳或突然摔倒，甚至发生肢体抽搐跳动。凡出现上述情况，应及时送病人到医院检查治疗。在家里如果遇上突然昏倒，不省人事，伴有口眼歪斜，半身不遂，语言不利的中风病人，应记住"6小时"概念，千万不要随意搬动。在城市，赶快拨打"120"，通知急救中心前来救护。在农村则以平衡的方式迅速送往邻近医院。这样便会降低病死率和致残率。

心理保健

教师必备知识丛书

现阶段是中小学教师心理压力分析

由于时代进步和社会发展，我国中小学教师面临着许多挑战，这些挑战可能引起他们的心理冲突，导致心理失衡，总之可能使他们产生焦虑、不安的紧张状态，造成沉重的心理压力。其主要表现为以下几个方面。

一、难释的教育教学重负

中小学教师繁重的教育教学任务体现在：（1）教师的日平均工作时间过长。80年代后期有人认为，我国教师的日平均工作时间为9.67小时，与我国实行8小时工作制相比，要高出1.67小时。应该说，在升学压力越来越大的今天，9.67小时还只是一个保守的数字，且其中还不包括教师许多隐形劳动付出。（2）教师的周授课时数过多。这一现象与教师工资收入低有关。不少教师不得不以课时津贴补贴家用。（3）教师的工作项目繁多。

二、难卸的多重角色

除教师在学校里扮演着多重角色，肩负着多方面的重任之外，作为社会个体，社会对于教师的高期望值和高标准要求，也给教师带来一定的心理压力。

三、难圆的职称梦

教师具有强烈的精神需要，晋升高一级职称能够满足教师丰富强烈的精神需要和价值认定。但是，目前教师职称评定工作还存在着诸多不够完善的地方，一些地方学校，尤其是农村中小学往往职称指标严重不足，接踵而来的是职称评聘过程中人为造成的教师心理不平衡所引起的强大的精神压力。

四、难以实现的愿望

教师在培养学生成才过程中，常常会有局部的失败，教师的愿望也就经常受到工作成功概率不确定性的威胁，从而给教师带来挫折感和心理压力，另一方面，在学术研究上，教师们也经常会感到遭受挫折的心理压力。

在巨大沉重的心理压力面前，学会自我心理调节，显得十分重要。第一，树立自信心；增强抗压能力；第二，正确认识自己，为自己确立适当的目标；第三，加强意志力的培养；第四，丰富业余生活，调节好生活节奏。

教师要注意"心理换位"

教师在教育工作中要注意"心理换位"，力求"设身处地""己所不欲。勿施于人"。不能把心理换位看成只是一种教育手段，关键在于教师要有高尚的道德修养，有尊重别人的习惯，有理解他人的愿望。否则，要掌握什么教育手段，运用什么方法，都很难。

在用种种手段惩罚学生时，我们当教师的回忆过自己的中小学时代吗？你不是也常因精力旺盛，做过让老师讨厌的事吗？可是你当时并没有和老师作对的意思，老师也未必惩罚过你，你在成年后或许责备自己没有抓紧时间学习，但绝不会给自己扣上"故意干扰纪律"的大帽子吧！如果我们把学生做鬼脸，搞一些小动作看成天真、活泼之举，珍爱他们的童心，唤起他们对童年美好回忆，那就不会大发雷霆了吧！我们应迅速平息气愤之情，用温和的笑容、轻柔的语调说话。理解、爱护学生，冷静处理"突发"事件，需要教师良好的心理素质。

青年教师的"心理病毒"及其消除

由于当前转轨时期的冲击,导致相当一部分青年教师产生心理上的失落感,如对事物看法的偏激、工作的懈怠、对前途的迷惘。我们暂且称之为"心理病毒"。

一、"心理病毒"的表现及产生机制

1. 政治冷漠症。由于现行师范教育在理想和思想教育上的缺陷,一些中小学领导过重于抓升学率,忽视了青年教师政治思想的引导,使有些青年教师出现了对政治持冷漠态度的现象。

2. 教学工作敷衍症。由于现行工资制度和职称评审制度还存在一些不合理之处,一部分青年教师不能正确对待,致使他们不能集中精力钻研业务,影响了教学水平的提高。

3. 职业自卑症。教师的文化层次较高,教师工资的含金量偏低,不少青年教师有职业自卑感,设法跳槽。

4. 心理幼稚症。教育的对象是人,要求教育者有健康的心理,宽容的心态对待工作。在实际教学工作中,有些青年教师不注意自己的角色形象,跟学生一般见识,学生出了些问题不是根据学生的心理特点,因势利导加以教育,而是狂轰滥炸骂一通或赶出教室。

二、青年教师"心理病毒"的预防与消除

1. 对青年教师进行有效的思想教育,培养正确的价值取向。对青年教师的思想教育不应采取简单的政治说教,而让他们从众多的杰出人物中,启发他们找出成功的动力。同时根据青年眼高手低的心理特点,

引导他们通过多种职业特点的对比,使其充分意识到自己所从事的职业在社会中的地位,产生使命感,满足他们在思想上的价值需要。

2. 抓好青年教师教学业务能力的提高。根据青年人好胜心理,开展诸如优质课竞赛、教学基本功比赛等有益于业务能力提高的活动。对青年教师取得的成绩如上级表彰、发表教学论文等,均给予奖励,完善教学业务档案,指定有经验的教师传帮带。同时,向他们定期介绍教育教学读物,对在教学中出现的缺陷及时给予指正。

3. 当好心理咨询顾问。为提高青年教师正确看待社会,经常利用集会等形式,介绍著名教育家如何进行道德修养,在逆境中奋发进取。开办校长热线,对青年教学普遍感兴趣的热门话题,进行正确的导向,让他们用发展的眼光看社会。

4. 满足青年教师不同层次的需要。在安排教学工作时有意识让他们挑大梁,对有一定组织能力的青年教师,安排不同层次的管理工作。对于评优、职称等热点问题,充分利用平时对每位教师详实的记录,增大透明度,让他们心服口服,即使未评上,也带着希望的失望新投入工作。

人生跳过"四道墙"

不成神仙也寿长!古有云:"酒色财气四道墙,人人都在里边藏。只要你能跳过去,不是神仙也寿长。"细读慢品,颇有道理。还有一首歌谣也很有点味道:"酒是穿肠毒药,色是刮骨钢刀,财是过眼烟云,气是惹祸根苗。"从医学观点来看,饮酒无度、恣纵情欲、贪财图利、暴怒生气对身体确有很大的危害。

酒。适量饮酒有畅通血脉、祛淤活血、振奋精神、消除疲劳、祛风散寒之效。但若不加节制、狂饮烂醉,就会导致慢性酒精中毒,使身体各器官受到损害，酿成智能减退，注意力涣散，记忆力和判断力降低，易引起溃疡病、脂肪肝、肝硬化、胆囊炎、冠心病、高血压、痔疮等疾病。此外，饮酒过度，有些人甚至还会干出令人痛心的事。其危害之大，更不待言。

色。色是指对异性的情欲。适度的性生活能增进夫妻感情，有益身心，增寿延年，反之，即如有些人那样，纵欲贪欢，喜新厌旧，玩弄异性，势必"损精败神"，轻则体弱肾亏，未老先衰；重则诸恙缠绵，寿短命折，《金瓶梅》中的西门庆，因淫欲过度，暴病而亡，年仅30余岁。古代君王极少高寿者，多与其荒淫无度的性生活有关。

财。人生在世，财是身外之物，生不带来，死不带去，甘当守财奴，一文不值。有些人却专往钱眼里钻，"见利忘义"，唯利是图，贪污受贿，巧取豪夺，甚至谋财害命。这类人在构成犯罪，招致惩处，被人民所唾弃的同时，必然在心理活动中产生一种恶劣心态，终日不得安宁，而一系列的精神负担，还会降低人体免疫功能，进而导致百病丛生，丧志折寿。

气。在现实生活中，有些人尽管吃过不少苦，受过不少难，但他们性格开朗，遇事不气，却能长寿。而另有些人平时生活虽好，但遇事容易生气、憋气，结果患病早逝。《内经》指出："百病生于气"。现代医学认为：过度的、持久的生气或突然受到剧烈的精神创伤，会引起体内多种生理功能紊乱，如交感神经兴奋性增强，使全身血管收缩，心跳加快，血压升高，血糖改变，内分泌失调，引起高血压、心脏病、糖尿病、癌症等。"怒发冲冠"，对患有心血管疾病的人，更是一枚"定时炸弹"。随时会酿成大祸。所以，气，真的能把人气死。

总之，"酒色财气"这"四道墙"，我们都应严肃对待，绝不可贪欲过度，否则遗患无穷，愿人们都能自持自勉，顺利跨过"四道墙"，使好人一生平安！

乐于交往有助健康

乐于交往与健康长寿之间，是否存在着必然的联系呢？科学家们的研究结果，对此给予了肯定的回答。

美国密歇根大学调查研究中心流行病学家詹姆斯·豪斯及其同事们，曾对一个名为德库塞镇的2700多人进行长达14年的研究。他们发现，长期疏于社会交往的人，其死亡率比乐于交往的人要高2.5倍左右。

耶鲁大学流行病学丽莎·波克曼对此也做过专项调查。在她追踪调查的7000人中，发现性格内向、孤僻、很少有亲戚朋友、不善与人交往及终身独居者，要比社会交际广、人际关系好的人的死亡率高1.8倍。

美国哈佛大学精神病专家乔治·依维兰特博士，也曾调查过40年代初期在哈佛大学上学的204名男生。他在公布调查结果时宣称，在21岁到46岁这段时期内，平时乐于交往、精神舒畅的59人中，只有一人得了心脏病，另一人于53岁时死于心脏病。而与此形成鲜明对的是，48名疏于交往、精神压力较大的人中，竟有18人患了重病或者死亡。

那么，乐于交往究竟为何有益于健康长寿呢？研究人员发现，人的心情与免疫系统是有密切联系的。脑部与骨髓及脾脏之间是由神经连接起来的，而骨髓与脾脏则是产生对抗感染所需细胞的器官。实验证实，人通过从事社会交往，可得到来自周围人的喜爱与温暖，而这种喜爱与温暖的感觉则源于脑部的天然镇静剂——内啡呔。

为了验证这一研究成果，哈佛大学心理学家大卫——麦克利兰曾给学生们放映了一部电影，介绍了乐于交际、助人为乐的代表人物德兰修女在印度加尔各答为贫民服务的感人事迹。看完电影后，他马上对这些学生进行了唾液分析。结果表明，甲种免疫球蛋白的数目有所增加。

加州著名内科医生迪安奥尔尼特认为，乐于交往与疏于交往可产生不同的生化反应。乐于交往、精神愉快，血液中便会增加有利健康的化学物质，相反便会产生对神经组织及心血管系统有不良作用的另一种物质。为了求得健康长寿，应当鼓励疏于交往的人通过自身心理调适，尽量多参与社会活动，扩大交际范围，建立良好的人际关系。

心理健康十要

一要注意同志间的友谊。哲学家培根说："友谊使欢乐倍增，使痛苦减半""没有真挚朋友的人，是真正孤独的人"。与朋友在一起，使人快活，无拘无束无戒备，从而减轻心理压力。要记住：同志、朋友间的深情厚谊，比任何金银珠宝都更重要、更美好。

二要善恶分明。生活中美好的事情，能做的要积极参与，不能做的要尽力支持；而面对邪恶，则要挺起胸膛，敢于正视和斗争。

三要相信人的善良本质，不要总是从坏处去推测别人，没有一生都坏的人。

四要说真话，办实事。说真话，办实事会使人心理踏实而感到轻松愉快，而弄虚作假，相信迷信则易使人惴惴不安，成为心理健康的大敌。

五要慎"独"。单独一人时做错事，往往要比在公开场合做错事所承受的压力大得多，所以，独自一人时行为要慎重，不要行为不端。

六要莫嫉妒别人。嫉妒很容易使你疏远别人和心理上失去平衡。实际上，与其羡慕别人的成就，不如自己去努力争取。

七要少发脾气，常发脾气不仅会使矛盾激化，影响人际关系，也会因情绪不稳而对自己的健康贻害无穷。

八要莫论人非。闲论人非，轻者朋友、同事翻脸，重则会闹出人命，对人对已都会增添无谓的痛苦。

九要敞开心扉。与人开诚公布、以诚相见的人，才能得到别人的信任和理解，才能受到别人欢迎，轻松愉快地生活。

十要远近兼顾。想问题办事情，切不可顾了眼前误了长远，急于求成，急功近利的人，收拾残局时心理压力更大。

保持愉快

有些人的情感强烈且不稳定，常因小事而激动，而且特别容易产生不满情绪，其原因往往是：

1. 合理的要求和愿望得不到满足。譬如，要求有正当的职业，有进修学习的机会，希望有个公正的领导人，渴望有良好的社会待遇和社会风气等。当合理的要求和愿望不能都得到满足或实现，就会产生苦闷，不满情绪，甚至产生愤怒和对抗情绪。

2. 心理容量较小。人是有理想和追求的人；但由于对社会认识不够，常常理想化地看待世界。希望就业，升学一帆风顺，渴望事事顺心如意；或以完善无缺的标准去要求别人；遇到困难、挫折不能宽容，以理想代替现实，因而一旦碰壁，常因心理准备不足而大失所望。

3. 认识的片面性。有些人看待社会事物，容易以偏概全，夸大消极面，进而产生消极情绪。例如，对社会不正之风看不惯，很气愤，这是正义感的表现，但由于认识的片面性，评价就发生偏颇，看不到社会占主导地位的光明的一面，觉得社会漆黑一团，因而产生不满情绪。

不满情绪是消极的，可造成心身健康的损害。因此，每个人都要学会控制、消除不满情绪的产生：

1. 要从实际出发考虑问题。要随时想一想自己提出来的需求或观点是否切合实际,是否合乎情理。

2. 要学会全面地观察事物。对任何事物如能从不同角度去观察,就会看到事物的全貌;对社会的阴暗面,如能从光明一面去看,就会发现一些新的价值或意义。这样,心中就会豁然开朗,精神就会振奋。

3. 要有自知之明。人生在世,不可能一帆风顺。在生命的征途中,要有自知之明,善于对自己进行正确的估量,了解自己的长处与短处,办什么事要量力而行,不可追求不切实际的目标。这样才能心安理得,自我满足。

4. 对挫折要有忍受力。在追求奋斗目标的过程中,总会遇到困难的挫折。培养对挫折的忍受力,有利于解决心理矛盾,不致于产生苦闷和不满。

5. 注意情绪的自我调节。人的情绪受意识与意志控制。有不满情绪时,应及时进行自我调节。例如看看电影,参加有趣的文体活动,会把不愉快的"忘掉"。在案头、床边用"镇定""静思""忍耐"等条幅实行自我"暗示",这样做,对消除不满情绪是大有帮助的。

消除精神紧张十法

一、**洗澡** 沐浴或浸浴除了可缓和紧张的情绪外,还有消除疲劳之功效。把浴室的灯光调暗一点,然后在温热的水里浸上一二十分钟,静静地感受疲倦的身体被温水抚慰。在闭目养神之余,若播放一曲轻音乐,或点燃一支有香味的蜡烛,更可加强轻松的情调。

二、**烹调食物** 洗、切、调味和下锅等烹饪工作对消除精神紧张很有效果。

三、**做针线活** 拿根缝针,一边缝缝补补,一边让思绪任意奔驰,情绪自然能够松弛下来。

四、听音乐　不论是古典音乐、民族音乐和流行音乐，都有助于缓解紧张的情绪。

五、演奏乐器　如果你懂得弹钢琴、吉他和其他乐器，不妨以此来对付心绪不宁。你不需正襟危坐地练习，随便弹奏拨弄即可，也不用太注意拍子和音准。

六、运动　你用不着从事爬山等剧烈运动，只需躺在运动垫上，花10多分钟做做伸展运动，让四肢有舒展的机会。

七、写信　你一定会有久未联系的亲友，不妨给他（她）写一封信，不仅可吐露、发泄一下自己的感受，同时也能让对方在收信时惊喜一番。

八、看电视　电视屏幕上各种有趣、开心的节目，能有效地使你暂时忘掉烦恼，缓解紧张的情绪。

九、园艺　若你的住处有花园草地，那么种花栽草也能有效地松弛紧张的心情。如没有多余的精力，光给草地浇水也能收到松弛身心的效果。

十、阅读　阅读书报可说是最简单、消费最低的轻松消遣方式，不仅有助于缓和紧张情绪，还可使人增加知识和乐趣。

笑者缘何多康寿

笑是一种治病良方，笑能养生，延年益寿，消除百病。法国的亨利·理班斯坦医学博士忠告说："为了您的健康，不应当放弃任何开怀大笑的机会。"

现代科学研究认为，人在有安全感及满足感时才会真正地笑，而发自内心的笑会促进身体健康，这是因为：

笑是积极的反应，是心情舒畅的表现，是有益于健康的心理活动。

笑对大脑皮层是良性刺激，使大脑皮层出现温和的反应，通过神经系统，通过神经系统，可以使全身各个脏器能处于最佳状态。

笑可以使人们防御系统发挥最大威力，提高机体免疫功能，从而使人体的抗病能力增强，既有利于预防疾病，又有利于机体的康复。

笑是良药，患病者经常笑一笑，能使药物在体内产生意想不到的效果，因而有利于疾病早日痊愈。

笑能使肌肉放松，神经系统反应温和，可以清除紧迫感，驱散忧愁、烦恼、悲伤等一切不良情绪。

笑有利健康长寿，但并不等于任何笑对人都有好处。过于激动的大笑，大喜过喜的狂笑会使人患急性心肌梗死，可导致收缩压升高，脉搏增加，也会使颅内压升高，对高血压，冠心病，脑血管疾病患者不利。因此，专家们提醒人们：只有发自内心的温馨的笑对人体才是最有益的。

人际交往中的心理原则

互酬原则 人人都有一种回报的心理。在人际交往中，人与人之间的关系是相互的，人的行为具有某种互酬性。他人在付出的同时，也在期待着回报。如果你一味地想索取，而从不付出，你的交往就难免陷入困境。

相似性原则 物以类聚，人以群分。在人际关系中，态度、信念和价值观念相似的人之间存在一种人际间的吸引，相似性是良好人际关系的一种推动力量。

互补性原则 当对方的需要以及与对方的期望正好成为互补关系时，就会产生强烈的吸引力，从而促进良好的人际关系。

自我袒露原则 心理学家通过实验发现，人们更喜欢自我暴露较多

的人。在人际交往中，个人应该保持适当的隐私，但必要的自我袒露，是人际沟通的需要，也是对他人表示信任的一种信号。一个死死封闭自己的人，是很难与别人达到一种良好的人际关系的。

不要忽视心理疲劳

疲劳包括生理疲劳和心理疲劳两类。生理疲劳能够用心律、耗氧量、肌肉紧张度等指标客观、精确地测出，所以又叫客观疲劳。心理疲劳是主观上感到的疲劳，可能身体确实疲劳，也可能只是疲劳感，通过从事另一种活动即可予以消除。例如，一个人快下班时感到十分疲劳，但是一下班马上又会兴致勃勃地去赴女朋友的约会，倦意全无。所以心理疲劳又叫主观疲劳。

一般来说，心理疲劳随着一个人经历的长时间的思考、焦虑、挫折、恐惧和害怕而出现并加剧。它使人感到紧张、烦躁、激动、压抑和精疲力尽，从而注意力难以集中，思维迟钝，工作效率下降。这在脑力劳动者身上最容易出现；当与别人发生激烈争吵以后，也会出现类似的情况。研究表明，如果经常产生强烈的心理疲劳。将给人体带来很大的危害，许多心因性疾病都与此有关。可惜，这个问题往往被人们忽视了。

俗话说，心病要用心药医。与生理疲劳不同，消除心理疲劳不能光靠休息，而要从心理因素着手，针对不同的原因，采取相应的方法。

转移法。对于因遇到困难、挫折而忧愁、紧张的，要暂时摆脱困扰，把自己的注意力转移到愉快的、感兴趣的地方去，唱唱歌、跳跳舞或者参加旅游，以放松自己的情绪，调整自己的心境。

发泄法。对于因遭受委屈和不公正对待的，可以把郁结在心中悲伤、苦恼合理地发泄出来，不能长期压抑在心上。这时，不妨找平时最尊敬或者最信任的人敞开心扉，倾诉自己的心情，从而达到心态的平衡。

升华法。对于因心头盘桓各种杂念萦绕不去的，要把精力投入到诸如文艺、体育或者社会活动中去，培养自己美好、健康的情操，使精神得到升华。

自我安慰法。当遇到失败和不合意时，要善于自我安慰，排遣不良情绪，尽量看到事物好的、光明的一面。如在得失面前多想"有得也有失"，在与别人比较时，用"人比人气死人"来自我安慰等。

此外，要做到作息有规律，保证睡眠充足，努力培养多种兴趣爱好，如读书、养花等，不但使自己的精神和身体经常处于放松状态，还可以感受到生活的乐趣，增强面对生活的信心。

强忍哭泣并非明智之举

哭和笑一样是人类最常见的表情。当人们遭受感情的创伤，如悲伤、气愤、委屈、思想负担过重时，会在身体内产生并积聚一些化学物质，这些化学物质对人的身体健康极为有害。在这种情况下如果痛哭一场，让眼泪将这些有害物质排泄出来，情绪就会放松，心情就会舒畅。

通常，人的眼睛里都有一层薄薄的泪液，它对眼睛的角膜起着供氧和润滑作用（因为角膜没有血管，得由泪水来供氧）。人在哭泣时，就会产生大量泪液。压抑自己的哭泣是有害的，可导致感情麻木，还容易引起溃疡病及其他与精神因素有关的疾病。因此，人在极度悲痛时应当大哭一场，让泪水痛痛快快地流出来，古代所说的"男儿有泪不轻弹"，看来并非明智之举。对于孩子，更不应该强制他们不哭泣。孩子的哭泣不仅对于他的精神状态起到调节和疏导作用。对于呼吸器官也是一种锻炼。当然，如果孩子哭得太厉害或时间太长，也会有损健康，这

时应采取适当的措施使他自动停止哭泣。

一般来说，女子哭泣次数要比男子多5倍。有人认为，女人的平均寿命之所以比男人长，原因之一就是女人好流泪。她们伤心时或悲愤时往往以哭作反应，流泪后心情反倒舒畅了。

中医学对哭泣的养生和医疗作用有过不少论述和记载，认为哭泣可以宽胸、理气、消郁、除闷。金代名医张子和早就提倡用笑来治病。《儒门事亲》中记载，一妇女气郁结于胸，痛苦不堪，张子和便鼓励这位妇女放声大哭，不久病愈。这便是名医张子和的"以哭制怒法"。

所以，从健康角度来说，伤心时不必强迫自己"有泪不轻弹"。

现代健康新说

欧美时兴"健康三步曲"

近年，欧美各国兴起"FUN"（即健身、和谐、营养）的"健康三步曲"。"FUN"系英文缩写，F指健身，要求每个家庭成员每日坚持半个钟头的运动锻炼，如跑步、做操、打羽毛球、打网球、跳绳或游泳等；U指和谐，要求每个家庭能和谐相处，尊老扶幼，夫妻恩爱，定期聚会、交流、游戏、郊游、野炊等；N指营养，要求日常膳食既讲究烹调技艺又讲究营养的丰富、均衡和合理。在适当多吃鱼、鸡、乳、豆制品等富含蛋白质的同时，注意少吃高脂、高糖的肥肉、炸品、甜食，更须重视搭配蔬菜、水果，摄足维生素、矿物质和植物纤维。显然，此食物营养结构比西方人传统的"三高一低"膳食结构更趋合理。

中国倡导"饮食金字塔"

不久前，上海医研会教授们倡导的"4+1"饮食金字塔方案，引起中外医学界的注意。其方案更适合我国国情和东方人的饮食习惯，营养均衡合理，保健延寿效益较好，是一种以平衡营养为主导的亚洲饮食模式。"4十1"饮食金字塔方案要求每个成年人每日膳食应有粮食、豆类400~500克,蔬菜、水果300~400克,乳或乳制品200~300克,肉鱼禽蛋类100~200克,以上述四类食物构成金字塔状塔身,外加一类量少、适可而止的调味品类如油、盐、糖等构成塔尖。实施该方案既有利于改善国人的膳食结构,增强国人的身体素质,又能防止欧美式"高脂肪、高蛋白、高热量、低纤维"膳食结构易诱为心脑血管病等"富贵病"的缺陷。

日本提出"寿命三角形"

最近,日本学者中川一郎专文提出"寿命三角形"学说,颇有保健养生的见地。他把每个人的寿命短,比喻为一个等腰三角形面积大小。其面积越大的寿命越长,面积越小的年寿越短。等腰三角形的面积等于"底×高÷2",底边代表遗传,两腰分别代表食物营养和身心保健,一个人即使无遗传方面的优势,即"寿命三角形"的底边不够长,但只要从小重视摄入均衡而合理的饮食营养,加强体育健身运动,保持情绪的乐观、稳定和心理的平衡,有意识地促进"寿命三角形"的两条腰边延长,那么,其三角形面积仍然可观,健康长寿的大门仍然为你敞开着。无疑,中川一郎提出的"寿命三角形"观点,既指出寿命与遗传有很大关系,又指出与后天的保健、养生有密切协关系。

关于"生命在于什么"的新观点

作家李尔重对养生延年之道有独到的见解,其中给人启示最大是他关于"生命在于什么"的那三句话。

第一句话是"生命在于运动,运动要适量," 这点明了健身益寿的首要条件是运动,但他没有在伏尔泰"生命在于运动"的名言面前止步,而是补充之,完善之,加上了"运动要适量"的主张。这是因为

运动不足与运动过度都是有害的，不可取的，唯有适度的运动才是有益的，可取的。

第二句话是"生命在于精神，精神要开朗，"这点明了健身益寿的根本环节是精神。注意心理卫生，注意精神调节，注意思想修养，是现代人身心保健的必修课，所以开朗的精神被誉为"无价的不老药"。

第三句话是"生命在于工作，工作要有方，"这点明了健身益寿的重要措施是工作。这"工作"是广义的，指一切有目的的社会活动、家务活动和个人活动，即人们常说的"做事"或"有事干"。但是，做事也得有计划、有程序、有目标，也就是要有"方"。按一定方向，以一定方式，用一定方法去认真地从事力所能及的工作，是抗衰抗病抗老的最佳途径，而且体现了人的奉献与人的康寿的一致性，体现了"天道酬勤"的根本原理。

李公的"健身三诀"明确回答了"生命在于什么"的问题：生命在于适量的运动，开朗的精神和有效的工作。

您心理衰老了吗

健康是指身体、心理、社会三方面的完整和适应状态。其中心理年龄最为重要，重要的是看心理上是否衰老。

怎样判断心理是否衰老呢？心理学家提供了一些自我测定的方法。现举一些较为简易的测试题供参考：

1. 即使戴了眼镜也看不清东西。
2. 没有一个年轻的朋友。
3. 不喜欢看报刊的"智力园地"这类内容。
4. 不能一下子说出"水"的五种不同用途。
5. 别人和你讲话必须凑近耳朵大声讲才行。

6. 不能一下子顺背七位数或倒背五位数。

7. 做事不能坚持到底。

8. 看到小说中有关爱情的描写一跳而过。

9. 害怕外出。

10. 在两分钟内不能从 100－7 连续减下去到最后为 2。

11. 喜欢一个人静静地坐着。

12. 不能想象出天上云块像什么。

13. 常常和别人争吵。

14. 吃任何东西都感到味道不好。

15. 不想学习新的知识和技能。

16. 常常把一张立体图看成是一张平面图。

17. 不喜欢下棋这类需要动脑筋的游戏。

18. 总以为自己比别人高明。

19. 以前的许多兴趣爱好现在都没有了。

20. 记不清今天是几号，明天是星期几。

21. 钱几乎都花在吃的方面。

22. 老是回顾过去。

23. 常常无缘无故地生闷气。

24. 不喜欢听纯粹的音乐。

25. 喜欢反复讲一件事。

26. 看了书、电影、戏剧后，回忆不起来它们的内容。

27. 别人的劝告一点儿听不进。

28. 对未来没有计划和安排。

29. 常常看错东西或听错话。

31. 走路离不开拐杖。

以上现象有 26~30 种为极度衰老；21~25 种为很衰老；16~20 种为比较衰老；10~15 种为有点衰老；10 种以下基本无衰老。

你衰老了吗？可以一试。

饮食保健

教师必备知识丛书

您的饮食习惯科学吗

当今社会文明程度的不断提高,促使人们更加推崇科学的生活方式。的确,一些长期以来养成的惯常做法,其实并不利于养生保健,甚至还会对身体造成伤害。此文特别推荐几种更新改变传统观念的生活时尚,供您借鉴,愿您拥有无限健康,尽享美好生活。——编者

水果饭前用　美体又康寿

以往人们大都习惯于饭后吃一些水果,理由是有助于消化吸收,而最新研究发现与此却大相径庭。

美国一科研小组在对各种节食减肥方法进行实验后认为,在每天用餐前1小时吃一些水果,是一种简便有效的减肥方法。因为水果中含有丰富的糖类,它能在体内迅速转化为葡萄糖而被肌体吸收,补充身体因体力、脑力劳动而消耗的热量。随着血液中糖含量的升高,能很快降低大脑对血糖偏低的反应。再加上水果中的粗纤维能给胃一种"饱胀"感觉,从而缓解了肌体旺盛的食欲,对饮食中的高脂肪和高蛋白质的需求量减少。而水果中的粗纤维在体内无法吸收,这就是饭前吃水果能够有效减肥的奥秘所在。

台湾有一科学家强调,每天用餐前1小时吃一些水果对强体延寿最为有益,其道理在于水果属生食,吃罢生食再吃熟食,体内就不会产生白细胞增高等反应,从而有利于保护人体的免疫系统,增强防病抗病能力。

如果饭后饱食时吃水果,由于食物在胃内需要1~2小时消化后才能慢慢排出,而水果属单糖类食物,极易被肌体吸收,并不需在胃中久留,因所含果糖不能及时进入肠道,导致在胃中发酸产生有机酸,引起腹胀腹泻或便秘等症,日久就会导致消化功能紊乱。故此,饭前1小时

吃水果最为有益。

牛奶睡前喝 一夜酣睡多

很多人都习惯于早晨起来喝牛奶，其实这是很不科学的。近年研究认为晚间喝牛奶胜于早晨，尤以睡前喝牛奶对人体健康有益。

据医学专家研究发现，牛奶中含有两种过去人们未知的催眠物质：其中一种是能促进睡眠血清素合成的制造 S—羟色胺的原料 L 色氨酸，由于 L 色氨酸的作用，往往只需一杯牛奶就可以使人入睡。另一种是具有麻醉镇静作用的天然吗啡类物质。可想而知，如果人们在早晨喝牛奶就会使身体过多地摄取这些催眠物质而使大脑皮层受到抑制，影响白天的工作和学习。

此外，早晨喝牛奶也不利于消化吸收。这是由于牛奶的蛋白质要经过胃和小肠分解形成氨基酸后才能被吸收，而早晨空腹情况下胃肠排空很快，牛奶还来不及消化就被排到大肠，这当然是个浪费。再说，食物中被吸收的蛋白质，只有在热量充足的基础上，才能构成人体的组织。倘若热量不足，吸收的蛋白质很快就变成热量被消耗掉了，这无疑是大材小用。

一般情况下，通过晚餐进入人体内的钙，在临睡前基本已被吸收入血，因此入睡后特别是后半夜血中钙的水平逐渐下降。由于血钙下降促进了甲状旁腺分泌亢进，激素作用于骨组织，从而使骨组织中的钙盐溶解入血，以维持血钙的稳定平衡，此种溶解作用是机体的一种自我调节功能，但日久天长就可能成为骨质疏松的原因之一。牛奶营养丰富，尤以钙的含量高，且特别容易被人体吸收，如能在临睡前喝一杯牛奶，其中所含的钙类便可被缓慢地吸收入血，整夜血钙都可维持平衡，从而有效地预防了骨质疏松。

另外，牛奶中又被发现含有对机体生理功能具有调节作用的肽类，其中有数种"类鸦片肽"，此种物质可以和中枢神经或末梢鸦片肽受体结合，发挥类似鸦片的麻醉镇痛作用，使全身产生舒适感，有利于入睡和解除疲劳，且又不会使人成瘾。

因此，有关专家指出，牛奶最好在傍晚或临睡前半小时喝，这样既可避免发生上述弊端，又可有效地提高睡眠质量，特别是对那些经常失眠的患者来说，晚上喝牛奶还可起到良好的助眠作用。

食量与寿命

节食可以延寿，这是古今中外养生学家喜谈乐道的话题，人们一日三餐中进食量的多少可以直接影响其寿命的长与短。

古代养生家主张老年人宜"食少"，如晋代张华《博物志》说："所食愈少，心开逾益；所食愈多，心愈塞，年愈损焉"。这与现代医学认为多食（尤其多食高热量的饮食）可致体重增加，人体肥胖，易患冠心病、高血压与短寿的意思相近。《内经素问》中"饮食自倍，胃肠乃伤"指出饮食过度的伤害。孙思邈《千金要方》说："饮食以时，饥饱得中"，说明进食应定时定量，对胃肠功能有好处。

意大利学者考纳娄于1956年所著《延年健身可靠秘法》一书中曾提出"节食延寿"说，并且自己身体力行，每天只吃固体食物360克，喝液体饮料400克以节制食量，在他83岁时还能骑马爬山，结果他活了100多岁。有人通过细胞培养证实，给过多的营养培养基，细胞就会早熟，容易导致早衰，还有人提出"人人必须比正常减少三分之一的进食量，如果这样做，可以使人的寿命延长。"美国科学家推论，人类如果采用"少吃"这种饮食模式，概率寿命可望增加20~30年。生理学家也研究证明，人体所需要的热量，一般只是想吃的三分之一至五分之一。

营养学家认为，节食并非是越少越好，节食应在保证营养基础上进行，既要全面摄食，使营养平衡，又要饥饱适中，保持胃肠正常功能，在这个前提下，因人而宜地减少动物脂肪、食糖及淀粉食物，增加富含蛋白质和维生素的食物。目前一般认为，节食的标准以20~39岁的进食热量为100，那么50岁以后，每增加10岁，进食的热量要减少10%。有人主张60~69岁的老人，其饮食热量应比青年期降低为10%~15%，70岁以上降低25%~30%，一般60岁以上的男性不超过7949.6千焦（1900千卡），女性不超过6694.4千焦（1600千卡）。按我国人一日三餐的习惯，合理分配的方案是：早餐占一天总食量的30%~40%，中餐占40%~50%，晚餐占20%~30%，对于老年人来说，关键是一早一晚，早餐吃好，晚餐少吃。

大量研究资料还表明，节食可使人体植物神经、内分泌及免疫系统受到冲击，可以调节机体功能，使免疫力增强，神经系统功能保持平衡。

美国著名的免疫学家华尔福特还认为，节食能使机体免疫功能在老龄时仍保持年轻化。日本庆应大学医学部的研究证实，节食老人对癌症和病毒的免疫功能十分旺盛。澳大利亚悉尼大学的阿瑟·埃弗里特博士花了25年的时间研究，指出严格控制饮食可以期望把人的寿命延长到120岁左右。

饮食要六宜

谚云："民以食为天。"祖国医学认为，饮食调和则脾胃安泰，脾胃安泰则体壮神昌。"饮食六宜"就是总结了古人饮食保健的一些生活经验。今天看来，此论颇具哲理，不失为科学进餐健身养生的妙法。

"饮食六宜"包括：宜早、宜缓、宜节、宜暖、宜软、宜淡。

一、宜早。晨起经一夜睡眠，胃肠空虚，此时需及时进食，而且要求保证膳食质量，方能使精力充沛地投入工作和学习。因此，早餐质量宜好，进食宜早；中餐要饱，但宜午前进食；晚餐更不宜太迟，而进食后不宜马上入睡。

二、宜缓。进食切忌狼吞虎咽，要细嚼慢咽，这样能使唾液大量分泌，有益消化，利于吸收。

三、宜节。饮食应有节制。《曾子》云："饮食节，则身利而寿益，饮食不节，则形累而寿损。"特别是老年人尤其应当注意。宋代学者应当注意。宋代学者陈直有言："高年之人，真气耗损，五脏衰弱，全仰饮食以资气德。"《吕氏春秋》上也说"饮食自信，肠胃乃伤。"唐代名医孙思邈曾说过："不欲极饥而食，食不可过饱；不欲极渴而饮，饮不可过多，饮食过多，则结积聚；渴饮过多，则成痰癖。"

四、宜暖。胃喜温而恶寒，故饮食宜暖，生冷宜少。明代医学家李时珍在《本草纲目》中说："世俗以为醍醐灌顶，甘露洒心，取其一时之快，不知其伤脾助湿之害也。"说明吃生冷食物过多会伤害脾胃而致病，体虚胃疾者尤应慎重。

五、宜软。食物软烂，易于咀嚼，有利于消化吸收。特别是上了年岁的人，口齿不利，更不宜吃硬脆食品。

六、宜淡。食物宜淡不宜咸，古人认为"咸多伤心"，有句古诗说："厚味伤人无所知，能甘淡薄是吾师……"近代医学家指出：血病忌咸，过咸会加重心、肾病及高血压的症状。并主张粗细搭配、荤素相间，精调五味，不宜偏嗜一味，以适应营养平衡，增进身体健康。

食物营养含量之最

含动物性蛋白质最多的是鸡肉，每 100 克鸡肉中含 23.3 克蛋白质。
含植物性蛋白质最多的是大豆，每 100 克大豆中含蛋白质 36.3 克。
含动物性脂肪最多的是猪板油，每 100 克猪板油中含脂肪 98 克。

含糖量最高的植物是甜菜,每100克甜菜中含糖33克。

含铁最多的是黑木耳,每100克黑木耳中含铁185毫克。

含钙最多的动物食品是小虾皮,每100克小虾皮中含钙2克。

含磷最多的植物性食品是炒南瓜子,每100克炒南瓜子中含磷67毫克。

含胡萝卜素最多的是韭菜,每100克韭菜中含胡萝卜素5.45毫克。

含维生素B_1最多的是花生米,每100克花生米中含维生素$B_1$1.07毫克。

含维生素B_2最多的是羊肝,每100克羊肝中含维生素$B_2$3.67毫克。

含维生素C最多是鲜枣,每100克鲜枣中含维生素C 540毫克。

含热量最高的是豆油、花生油和香油,每100克豆油(花生油、香油)中含热量900千卡。

含锌最多的是哈蜊肉,每100克蛤蜊肉中含锌174.5微克。

含碘最多的是海藻(海带),每100克海藻(海带)中含碘3.2毫克。

十种最佳的营养食物

美国的布鲁斯·詹纳博士关于十大营养食物的提法轰动了西方。他提出,日常食谱若以下列十大食物为基础,那么人们在保健强身方面将会有颇多的受益。

一、鸡(富含蛋白质)

鸡是最好的蛋白质来源之一。鸡还能向人们提代一些硫磺、磷、铜和碘。它是比较容易消化和吸收的。

二、比目鱼(属含不饱和脂肪)

比目鱼富含能使血液胆固醇降低并能增强人体体质的多不饱和脂肪，能中和脂肪以降低胆固醇。

三、脱脂牛奶（富含钙和磷）

钙在保证人的肌肉功能以及牙齿与骨骼保健方面的作用是非常重要的。而磷更是人体正常的新陈代谢所必需的，牛奶同时含有这两种人体必需同时又可互补的矿物质。

四、磨菇（富含低脂肪营养素）

磨菇富含钾和磷，以及有强健功能的维生素B，它的味道鲜美，含热量较低。

五、花椰菜（富含维生素A和C）

维生素A对人的视力，对人骨骼和牙齿的发育及机体的免疫功能均有良好的作用。一碟花椰菜即可满足成年人维生素A的整日需要。

六、马铃薯（富含碳水化合物）

一个中等大小的马铃薯向人们提供的热量仅有10卡，所以，吃马铃薯可不必担心发胖。除碳水化合物外，马铃薯还含有镁、铁、磷和钾等。

七、麸糖松糕（富含纤维素）

小麦的麸皮在人体保健方面具有很高的价值。每日膳食中有一定量的纤维素，可预防结肠癌和其他肠疾。心血管病患者，每天进食规定量的食物纤维，可使血清胆固醇数降低。

八、干面食（富含碳水化合物）

麦类干面食是一种极好的碳水化合物来源，它是从肌肉活动到消化吸收等等整个身体功能动力的首要提供者。

九、香蕉（富含钾）

香蕉在供给低热量脂肪方面是一类对人异常有益的食物。香蕉含一定数量的矿物质，尤其富含对人体至关重要的钾元素。每天吃一只香蕉即可满足人体钾的需要。

十、柑桔（富含维生素C）

柑桔富含维生素C，也含有大量的钙、磷及维生素A。它的糖分不高。所以，它对血糖患者是特别适宜的。

最佳饮食养生

最佳蔬菜 既能提供丰富的养分，又有抗癌功效的蔬菜当为最佳。那么，哪种蔬菜可获此殊荣？答案是极不起眼的红薯。它既是维生素的"富矿"，又是抗癌能手。日本专家的测试资料表明，就抑癌而言，红薯高达94%~98%，居所有蔬菜之首。

最佳水果 美国专家根据果内维生素、矿物质、纤维素以及热量的含量进行综合评估，结果确定10种营养最佳的水果，首为番木瓜、次为甜瓜，其余依次是草莓、橘子、柑子、猕猴桃。芒果、杏子、柿子和西瓜。

最佳肉食 据法国专家的专题报告，鸡鸭鹅脂肪量虽不小于畜肉类（猪、牛、羊等），但其化学结构几乎对身体无害且有益于心脏。德国专家则称鸡肉为"蛋白质的最佳来源"，其脂肪量也比牛肉低得多。此外，兔肉能美容减肥，鱼肉健脑护心，与禽肉一样优于畜肉，堪称为肉食中的佳品。

最佳护脑食物 对于大脑，并非所有食物都有利，富含过氧化脂类化合物的食物，可使脑血管壁发生变化，导致大脑缺血。此时，还原食物"可以阻止脑血管的病变而保护大脑。哪些属于"还原食物"呢？日本科学家提醒人们记住：菠菜、韭菜、南瓜、葱、椰菜、豌豆角、菜椒、番茄、胡萝卜、小青菜、蒜叶、芹菜等蔬菜，核桃、花生、松子、杏仁、大豆、腰果、开心果等壳类食物以及糙米饭、猪肝汤等。

减肥食物种种

香蕉 香蕉含低热低脂,能帮助人体降低血压,且是人们最喜食的水果之一,若与苹果汁和草莓汁混食将是最理想的减肥食物之一。

甜瓜 每100克甜瓜所含胡萝卜素和维生素C相当于半杯广柑汁所含这两种维生素的量,而仅含热量40卡和不到1克的脂肪。

鸡肉 每80克烤制的无皮鸡脯肉含热量140卡、脂肪4克和大量的蛋白质。

鸭梨 鸭梨含有大量的纤维,每个带皮鸭梨约含50卡热量和不到1克的脂肪。

墨鱼干 许多人都喜爱嚼这种食物。每一小包墨鱼干仅含120卡热量,含有大量的蛋白质和铁。

蛋白汤 很好的降脂食物。每小碗蛋白汤仅含热量90卡和脂肪1克。待锅中的水开后,把蛋白调散,倒入锅中,加入调料和蔬菜即可。

鱼片 每28克鱼片含有热量80卡,几乎不含脂肪。需注意的是购买鱼片时一定要检查产品是否注明是低脂鱼片。

菠萝 每200克菠萝,约半块,含有大量的纤维和人体每天所需100%的维生素C,仅含热量70卡。

豆奶 大豆中含有大量的植物激素。经常食用豆奶能预防列腺癌和乳腺癌。豆奶中含有大量的蛋白质。每杯豆奶仅含热量150卡、脂肪3克,非常有利于减肥。

豆腐 豆腐不含脂肪,是公认的高脂肉食替代品。每28克仅含热量25卡。蒸、炸、煮均可。

高科技特色食品

气体食品

美国一家大学正在研制一种奇妙的"气体食品"。这种新型食品是一种含有多种人体必需营养的悬浮颗粒，它按照一定比例调配好，储存在一种类似喷雾器的容器里。食用时，只要用嘴巴对准喷口用手轻按一下开关，饥饿感即会消除，并产生一种吃了美食佳肴的感觉。整个进食过程只需一分钟，十分方便。

生态食品

它以海草及树木中提炼出来的天然多糖为原料。由于它加热后会溶解，因此可用它来作方便面的包装材料。食用时不必打开包装，只要加入热水即可食用。这种材料属纤维状物体，不易消化，因此特别适合追求低热量防止肥胖者的需要。

粉末酒

日本已生产出许多种类的粉末酒。它不是装在瓶中，而是将定量粉末装在塑料袋中。与普通酒相比，粉末酒可节约许多的包装和运输费用。加入适量的水后，粉末就会溶解，溶解后的颜色和味道都和液态酒相仿。

液体鱼

液体鱼内鱼骨、鱼刺、碎肉块是用廉价优质鱼加工制成的。将酸性物质加入上述原料中，所产生的酶会将鱼肉及其他蛋白质分解为可溶性物质，再供发酵，液体鱼就制成了。液体鱼的味道同鲜鱼完全一样，而且可在无冷冻条件下保存较长时间。

浓缩鸡蛋

美国一所大学已研制成功浓缩鸡蛋，其生产方法为：首先把鸡蛋放在真空中,将蛋中的大部分水分蒸发掉,这样就得到一种如豆粒般大小的小球,加水煮熟便可使其还原成鲜蛋。浓缩后的鸡蛋可去掉大部分水分,从而易于保鲜存放和运输。

21世纪的高科技食品

牛肉土豆 美国培育成功的"牛肉土豆",即把牛肉细胞和土豆细胞两者融合繁殖出牛肉土豆,其中含有牛肉及土豆的动植物蛋白和其他营养成分。它可以像土豆一样种植,却有牛肉的味道。

美味禽肉 巴西用遗传工程的移植法培育出一种非鸡非鸭的禽类新品种。其肉质丰厚而又鲜嫩,味道比鸡鸭鲜美。

丝绸食品 日本将丝绸或蚕丝与氯化钙化学反应后滤出无异味的丝绸溶液,可加入果汁制成"丝绸冻",也可添加面粉及其他原料制成丝绸面条、丝绸豆腐等。有保养肝脏之功能。

太阳豆 美国将法国大豆的蛋白质基因分离出来,移植到太阳花的子房内,结出种子,再播种成功。这种"太阳豆",用肥少,抗病力强,营养价值很高。

蜜桃玉米 我国引进的美国新品种。这种玉米既有水蜜桃的鲜甜,又有玉米的香味,既可生吃又可熟食,营养丰富。

微生物合成牛奶 国外的科学家们现已培养出一种微生物,运用这种微生物,可以在实验室里制造牛奶,其味道与营养价值和真牛奶完全相同。

你知道健康食谱吗

怎样吃才合理？如何吃出健康？这是目前人们越来越关心的问题之一。中国营养学会修订的《中国居民膳食指南》共有8条，一、食物多样，谷类为主；二、多吃蔬菜水果和薯类；三、每天吃奶类、豆类及其制品；四、经常吃适量的鱼、禽、蛋、瘦肉，少吃肥肉和荤油；五、食量与体力活动要平衡，保持适宜体重；六、吃清淡少盐的膳食；七、饮酒应限量；八、吃清洁卫生、不变质的食物。这八条是全国各地居民制定家庭膳食方案的原则和依据。为推广应用，便于掌握，营养学家洪昭光同志把每人每天的合理膳食归纳为两句话、十个字：一二三四五，红黄绿白黑。

"一"是一袋牛奶（或酸奶、豆奶），含钙约250毫克，可有效地纠正我国膳食摄钙量偏低的状况。

"二"是指二份米饭或面食，6~8两，含碳水化合物250~350克，各人根据具体情况酌情增减。

"三"指选吃3份高蛋白食物。每份有瘦肉1两；大鸡蛋（鸭蛋）1个；豆腐2两；鸡鸭肉2两；鱼虾2两。

"四"是四句话：有粗有细（粗细粮搭配）；不甜不咸（人均每天摄盐6~9克）；三四五顿（指总食量控制的情况下，少量多餐，有利于防治高血脂、糖尿病；七八分饱。

"五"指500克蔬菜瓜果，主要是维生素和食物纤维，有助消化和排泄。再加上适量烹调油及调味品。

"红"指饮少量红葡萄酒（50~100毫升），有助于增加高密度脂蛋白及活血化瘀，预防动脉硬化。

"黄"指黄色蔬菜，有胡萝卜、南瓜、西红柿、红薯等。其中的胡萝卜素对儿童和成人均有提高免疫力的功能。

"绿"是绿茶和深绿色蔬菜。据中国预防医科院研究,绿茶有明确的抗肿瘤、抗感染作用。而深绿色蔬菜含维生素及其他营养素较多。

"白"指燕麦粉或燕麦片。研究证实,每日吃50克燕麦片,可使血胆固醇、甘油三酯下降,对糖尿病更有显著疗效。

"黑"是黑木耳。每天吃5~15克,能显著降低血粘度与血胆固醇,有助于防血栓形成。

膳食的合理安排,还需因地因人,根据经济、生活习惯等条件而定,以上仅供参考。

营养配餐

营养配餐,在国外已十分普遍。但在国内尚鲜为人知或不被人们重视。随着人民生活水平的提高以及营养知识的普及,提倡营养配餐对提高国人体质和达到健康长寿的目的,都具有现实意义。

营养配餐,就是按照人们身体营养需要,根据食品中各种营养物质的含量设计一天、一周或一个月的食谱,使人们摄入的蛋白质、脂肪、碳水化合物、维生素和矿物质等几大营养素,不仅品种齐全,而且比例合理,即达到膳食平衡。简单讲,就是要求膳食构成要多种多样,谷、肉、果、菜,凡能入馔者,无所不备。然后根据人体的需要搭配主副食,使每天三餐饭菜花样翻新,营养合理,吃得科学,而且经济实惠。

常言道,民以食为天。而食的本质是营养,是给人体提供数量充足、比例合理的营养素。热能是生命活动的能源,缺少热能,人体中血糖下降,就会感觉疲乏无力,影响工作学习效率。但热能过多,贮存在体内,就会发胖,也会引起多种疾病。人体最重要的是蛋白质,人体的一切器官、细胞都由蛋白质所构成。人体蛋白质平均每80天就要更新

一半。因此，蛋白质不仅儿童、青少年长身体需要，成年人也必须不断补充。各种营养既不能缺，也不能过量，最科学的办法是平衡膳食。平衡膳食首先要满足人体对热量的需要、三大产热营养素在总热量的百分比应当是：蛋白质 10％ ~15％，脂肪 20％ ~30％。碳水化台物 55—65％，平衡膳食还应包括各种维生素和矿物质的摄取量。只有营养平衡，身体才能健康。

怎样进行营养配餐呢？首先要研究各种食物的营养成分及其含量，经过烹调，营养损失多少、还剩多少。然后根据人体对热能，蛋白质、矿物质、维生素的生理需要、选择搭配食物，进行合理烹调，做出色、香、味、形俱佳的饭菜。

其次，每天三餐饭的营养总食量的分配，应按 3：4：3 的比例较为合理，即早餐占 30％，午餐占 40％，晚餐占 30％，俗话说：早饭要吃好，午饭要吃饱，晚饭要吃少。一般每份配餐除主食外：应有两三样菜，含蛋白质约 30 克，热能约 1000 千卡（250 克以上的蔬菜提供的维生素即可满足一个青年男子的需要。

不良饮食习惯是致癌主因

英国《星期日泰晤士报》6 月 8 日报道题：不良饮食是引发癌症的最大原因

政府的一项研究发现，2/3 的癌症病例与饮食有关。

由政府首席医官肯尼思·卡尔曼爵士批准发表的这项研究结果，是官方首次认可的把饮食同癌症联系起来的报告。癌症是英国仅次于心脏病的第二大杀手，而且每三个人中就有一人受到它的影响。

报告建议英国人（英国是欧洲癌症发病疫最高的国家之一）采用"地中海人"的饮食习惯——用欧洲南部人的菜谱替代习惯吃的肉食。

欧洲南部人的菜谱更强调多吃蔬菜、富含纤维素食品和新鲜水果。

这项将使肉食生产厂家担心的研究报告，还告诫人们不要依赖补给品获得保护。它说，维生素A药片和一直被宣传有防癌作用的其他单一营养品带来的害处可能比好处还多。编写这份报告的政府工作小组一位成员说："现在有一种广泛一致的看法，认为饮食在某种程度上是致癌的主要危险因素之一。"这个工作小组分析的研究报告提出，30%至70%的癌症病例与饮食有关。

设在剑桥的邓恩临床营养学研究中心高级科学家、食品医疗情况委员会成员希拉·宾厄姆博士说，一旦人们完全了解饮食和致癌之间的关系，更多的癌症将是可预防的。他说："大部分癌症是可以预防的，而且饮食将在防癌方面发挥越来越重要的作用。"

食品医疗情况委员会的报告是依据流行病学的证据把癌症同饮食联系起来的。这些研究表明，不同人群的癌症发病率因饮食不同而有区别。

举例说，在英国，大肠癌发病率在过去25年中一直比较稳定，而在日本、这种癌的发病率却大大增强了。科学家们认为发病率增加得太快了，不可能是由于日本人的基因改变引起的，而是由于日本人的饮食西方化造成的。

至于饮食究竟如何防癌，现在仍然不清楚。食品医疗情况委员会的报告推荐有丰富蔬菜、水果和纤维素的饮食结构。认为这种饮食结构的防癌作用最大。然而报告却没有说人们应该停止食用瘦肉。因为那样可能导致贫血症患者增加。

雷丁大学人类营养学教授、食品医疗情况委员会成员克里斯廷·威廉斯举例说，停经后妇女脂肪分布的变化是患乳腺癌的重要因素。

世界癌症研究基金会将发表一份类似的报告，据了解这份报告得出的结论也与之相近。

吃喝的学问

吃喝平常事，其中也不乏学问，一定要讲科学。否则，也会损害身体健康。

吃与喝要间隔开 许多人喜欢一边吃东西，一边喝汤水饮料，要知这样做是不妥的。因为如果食物不是浸泡在胃液中，而是浸在汤里，就不易消化，会留在胃内发酵、腐烂，久之易引起胃病。

营养学家提出如下的建议：先干吃固态食物，过一至二小时觉得口干舌燥再喝水。一般来讲，荤食者比素食者需多喝水。因为荤食者体内毒素多于素食者，而水则有助于把毒素从肾脏排出体外。饭前一小时内最好不要喝水或饮料。但吃低热量食物就要经常喝水。这是因为吃低热量食物，体内蛋白质会分解，血液里就会产生多余的尿酸，这将导致肾脏出现结石。而经常喝水则可稀释尿酸，从而减少出现肾结石的可能性。

吃软也要吃硬 由于生活条件的改善，人们的食物越来越倾向于软、酥、烂、脆、甜……却把"硬"字丢掉了。根据人体器官用进废退的原则，尤其是孩子用牙去用力咀嚼食物的机会很少，会造成下颌不发达，咀嚼能力下降，牙齿排列不整齐，上下牙咬合不好，龋齿发生率随之升高。

调查证实，凡喜欢吃硬食物的人视力一般也比较好。

碱性饮食促进健康长寿

在苏联高加索地区有许多闻名于世的长寿村，其中有的人活到130岁甚至到140岁。为了解开其长寿之谜，研究人员经调查发现，那里的气候或水土与苏联其他地区相比并无区别，而且那里的老人也并没有吃什么特别好的食物或补药。唯一不同的是，那里家家户户都喝井水。这些井水起源于附近高加索山脉顶上融化的积雪，雪融化后形成的水流经花岗岩、安山岩和玄武岩土层，因而含有丰富的微量元素。经测定，pH值是7.2~7.4，呈微碱性，与人的血液pH值几乎相同。

那里长寿者的血压都偏低，他们的血管柔软无硬化，脉搏正常，正是微碱性的水使这些长寿者的血管保持着如此良好的状态。

英国医学协会玛格丽特、克罗福特女士曾对长寿者与饮用水的关系做过广泛的调查。结果表明，长寿者的特殊条件是经常饮用含有钙等大量无机盐的硬水，死于心脏病的比率就低。

科学研究认为，人的老化过程实际上就是人体酸化过程。在人体中，水分约占65%，其中的50%是细胞外液。镁主要存在于内液、而钙只留在外液中。当细胞老化时，镁便往外液渗透，因此，在癌症、高血压、糖尿病、神经病和风湿病等慢性疾病患者的血清中，以及肝硬化患者的腹水中、都含有大量的镁。如果体液经常保持微碱性，细胞就能积极工作，镁就不会外渗。

常吃以肉食为主的酸性饮食会造成严重的后果。它会引起动脉硬化，使血液不能充分通过，无法把养分和氧气供给身体的各个部分，以致于引起新陈代谢下降甚至发生障碍。如今日本人有三大死亡因素，即中风、癌症和心脏病，许多医学家都认为，这些疾病都是由动脉硬化造成的。

医学研究人员告诫人们，为了防止老化和疾病，最基本的是碱性饮食。呈弱碱性的食物有：豆腐、豌豆、大豆；绿豆、油菜、芹菜、番薯、莲藕、洋葱、茄子、南瓜、黄瓜、蘑菇、萝卜、牛奶等，呈碱性的食物有：菠菜、白菜、卷白菜、生菜、萝卜类、竹笋、马铃薯、海带、柑橘类、西瓜、葡萄、香蕉、草莓、栗子、柿子、咖啡、葡萄酒等，另外，还有一些因为酸而被人们错误地认为是酸性的食物。如山楂、西红柿、醋等，其实这些东西正是典型的碱食物。

饮食中常见的酸性食物有蛋黄、鱼籽、牡蛎、白米、鳗鱼、章鱼以及面条、面包等。

不同色彩的保健效应

色彩有保健和治疗作用。很早以前，中医已经认识到具有典型的五种颜色，各通于人体内特定的五个脏器。映入人体眼帘的各种颜色，必然激起相应的效应。

1. 白色：纯净、素雅，使人有安全感、舒适感，给心脏病患者以慰藉。对情绪波动、心烦者，有镇静作用。

2. 黄色：使人感到温暖、安定、轻快，能集中注意力，增加食欲。治疗失眠、健忘、精神错乱。

3. 红色：使人意气风发，天真活泼，充满生机。有提高食欲、升高血压的作用。但易引起急躁、发怒、肝火动、血气刚。在红色房间里，心跳加快，每分钟可增加心跳20次左右，不利于心脏病人。

4. 粉红色：象征安静、幽雅。能抑愤怒，减慢心跳，降低心肌收缩力。

5. 黑色：易诱发事故，使人疲倦、烦躁，还可减少红血球。

6. 紫色：有消除紧张情绪，对孕妇有一定的镇静作用。

7. 蓝色：使人感到安定、柔和、恬静、宽广。可以减慢心率，降低婴儿体内的胆红素，缓解呼吸系统的病痛。

快餐吃法有讲究

德国营养学会经过调查后认为，不能笼统地否定快餐，关键在于如何吃法。一般的快餐中脂肪和盐过多，而缺少维生素、矿物质和微量元素，故进食快餐最好伴以全麦面包、低脂牛奶制品、果汁或生菜。

偶尔吃快餐是毫无问题的，特别是像中国小吃中包括蔬菜和米饭，反而是值得推荐的。他认为快餐是站着吃也有好处。

他警告不要把快餐当点心吃，尤其是像双层汉堡包、煎肠子和香肠比萨饼之类的"热量炸弹"应该割爱。作为点心可吃点生菜或夹一片肉的小面包等清淡食品。

乘飞机请多喝水

暑假期间，不少人会外出旅游。人们在乘坐飞机时都有这样的经验，就是耳朵疼痛，脚部肿胀，皮肤干燥，肠胃不适等，如果平日体质较差，就会更难受。不过如果事前做好准备工作，可以减轻上述的症状。

如果可以的话，尽量不要穿着尖窄的皮鞋，因为在高空上，由于气压的关系，脚部容易肿胀，为求舒服，你或会脱掉鞋子，但在抵达目的地后，就会发觉因为脚肿关系，不能穿上鞋子，所以最好穿较宽松的平底鞋。

在飞机上尽量多喝水，同时涂抹护肤霜及润手霜，可以对付皮肤干燥。另外，带备气垫颈枕，尤其是乘长途飞机最适用，可减少颈背痛。一有机会即要起身多活动，保持血液循环畅通，可减低患病机会。

各位千万不要以为乘坐飞机是一件简单的事情，如果处理得当，那么，那确是一项美事，因为跟着而来的是赏心乐事的假期。

患病后哪些食物不宜吃

患病毒性肝炎后，不宜进食海味、芋头、山芋、羊肉、辛辣、油炸、高脂肪食物，不宜吸烟和饮酒。

患肾炎后，不宜进食咸蛋、酱菜、腐乳、海味、猪头肉、辣椒、腌菜等食物，不宜饮酒和吸烟。

患肺结核后，不宜进食辣椒、洋葱、韭菜、生姜，不宜吸烟及饮酒。

患支气管哮喘后，不宜进食花粉食物、海味食品、肥肉、虾、南瓜、荠菜、雪菜及辛辣、油炸食品，不宜吸烟和饮酒。

患感冒后，不宜进食冷饮冷食、油炸食物及酸、腥、辣味刺激性食物，也不宜饮酒和吸烟。

患高血压病后，不宜进食肥肉、山芋、辣椒、浓茶、咖啡，不宜吸烟和饮酒。

患胃、十二脂肠溃疡后，不宜进食生冷、油炸、硬粗食物及辣椒、八角香料、蚕豆、土豆、芋头、山芋、蚌、咖啡等食物，不宜饮酒和吸烟。

发热时，不宜进食韭菜、生姜、胡椒、辣椒、羊肉、狗肉、猫肉等食物，不宜饮酒和吸烟。

荷兰学者发现：早饭清淡心脏好

荷兰研究人员在《美国心脏学会杂志》上发表研究报告称，即使是烤面包和人造黄油这些简单的早餐仍使人体难以吸收。可造成凝血因子 VIA 升高。这种凝血因子与导致心脏病发作的有关因素相联系。

该项研究的作者路易丝和她的同事让 91 名老年妇女分别进食 4 种早餐。每种早餐都由脂肪提供 50% 的热量。但所含脂肪酸的种类各不相同，其中包括高度饱和的动物脂肪、硬脂酸和亚油酸及亚麻酸。早餐物品包括小圆面包、人造黄油、火腿和糕点及橘汁。实验结果显示，所有脂肪都使凝血因子升高。

研究人员指出，人们吃什么种类的脂肪无关紧要，都有可能诱发心脏病，因为所有的脂肪都是恶性的，根本不存在"良性"脂肪问题。

夏季不宜过量吃冷饮

夏季天气炎热，人体出汗较多，尤其是儿童，在室外玩得满头大汗时常常贪吃冷饮，如冰棍、冰镇汽水等，冷饮吃得太多对儿童是有害无益。

因为儿童胃肠黏膜对冷刺激非常敏感、吃过多冷饮会使胃肠道血管突然收缩，引起腹痛腹泻，加之目前市售的汽水、可乐等饮料中含有大

量小苏打,会中和胃液,使消化能力下降,影响正餐食物摄入,阻碍儿童生长发育。另外,有些冷饮本身卫生状态不好,加之孩子喜欢在街上边走边吃,很容易患消化道疾病。所以,不能让孩子多吃冷饮。孩子从室外回家后最好先休息一下,然后少量多次地喝些温茶水、凉白开水、绿豆汤或者吃些西瓜。

老年人宜喝紫菜汤

紫菜历来被人们视为珍贵海味之一,素有"长寿菜"的美称。每100克干紫菜含蛋白质25~35克,与大豆含量相似,氨基酸含量也很高。还含有丰富的维生素A、C、M,糖类及钙、磷、铁、锌、碘等营养成分。老年人由于脾胃吸收功能减弱,多吃禽肉类食物不易消化吸收,而紫菜中的蛋白质容易消化吸收,很适合老年人食用。

《食疗本草》记载:"紫菜主治热气烦塞咽喉,煮汁饮之。"李时珍曰:"凡瘿结积块之病,宜常食紫菜"。紫菜适用于甲状腺肿大、淋巴结核、脚气病等。肺脓疡吐臭痰患者,可常干嚼紫菜,有显著疗效。便秘者每晚饭前喝一碗紫菜汤,能成功的治疗好便秘。紫菜中含有的维生素M,是治疗胃溃疡的良药。常食紫菜还可减少妇女更年期综合症及男性阳痿的发生。日本学者研究发现,常食紫菜有防老化、防贫血、治疗夜盲、降低胆固醇等功效。

紫菜作汤、炒食、调味佐餐均可。老年人喝紫菜汤更易于消化吸收。老年人常喝紫菜汤,对于防病治病,抗衰老都大有裨益。

海蜇巧治老年病

海蜇又称水母,是一种营养丰富的海产品。自古以来,海蜇不仅是席上珍品,还是一味良药。民间用海蜇治多种老年病,常具有独特功效。

降血压:用漂净的海蜇皮 125 克、荸荠洗净连皮用 375 克,加水 1000 毫升、煎至 250 毫升,空腹顿服。对早期高血压患者效果最佳。

治疼痛:用海蜇皮贴于两侧太阳穴上,可法风止头病;若头昏脑胀、烦热口渴,则采用海蜇头 63 ~94 克,漂去咸味,同荸荠等量煮汤服用。

治大便燥结:用海蜇、生地各 50 克、荸荠 100 克,加水煎煮,每天 3 次服食,有良好的润肠通便效果。

治无名肿毒:以海蜇皮用白糖揉软,中开一孔,贴于患处,肿毒很快就会消退。

甲鱼虽补食有禁忌

甲鱼肉嫩味鲜,滋味独特,营养丰富。祖国医学认为,甲鱼有滋阴凉血功能,可补劳伤。现代医学研究表明,甲鱼肉中含有一种抵抗人体血管衰老的重要物质,常食可以降低血胆固醇,对高血压、冠心病患者有益。

殊不知,甲鱼虽是滋补佳品,但食有禁忌,而且也不是吃得越多

越好。

祖国医学历来认为，甲鱼肉滋腻，主要功能是滋阴，所以久病体虚、阳虚怕冷、胃肠功能虚弱、消化不良、食欲不振的人应慎食，以免影响食物的消化吸收；凡脾虚、胃口不好的人以及孕妇，不宜食用甲鱼，以免引起胃肠不适等症或产生其他副作用。近年临床还常有报道，慢性肾炎、肾功能不全的人，患肝炎、肝硬化的人不宜食用甲鱼。因为患者消化吸收功能大损，食后不但会加重肝脏的负担，而且其中的蛋白质与肠道的细菌发生作用能产生大量的有毒组胺物质；轻者能使患者感到胃肠不适，严重者肝细胞大量坏死，血清胆红素剧增，体内的有毒物质难以排除，且会作用于大脑，能诱发肝昏迷，甚至造成死亡。

另外，祖国医学中多有记载：食用甲鱼时，还不能与鸡蛋、兔、猪、鸡、鸭肉以及苋菜等同食，否则不但无益，反而有损。

猪蹄与美容

猪蹄营养丰富，味道鲜美，其中含有极丰富的大分子胶原蛋白质，是一种廉价的美容食品，在消费市场上，深受广大顾客欢迎。

据研究，每百克猪蹄肉中，含有蛋白质 20.4 克，脂肪 22.7 克、碳水化合物 4 克。这些物质被身体吸收利用之后，能供给各种组织器官大量的营养物质。另外，猪蹄肉中还含有大量的矿物质钙、镁、磷、铁和维生素 A、B、C、D、E 等，其中的维生素 A、D，能使皮肤光润细致，维生素 E 能减少皮肤皱纹，延缓人的衰老，使人显得年轻漂亮。

更应提出的是，猪蹄肉中的大分子胶原蛋白质，对皮肤具有特殊的营养作用，能促进皮肤细胞吸收和贮存水分，防止皮肤干瘪起纹，使其丰富饱满、平整光滑。猪蹄肉中的弹性蛋白，也是极丰富的，它能使皮肤的弹性增加，韧性增强，血液循环旺盛，营养供应充足，皱纹变浅或消失，皮肤显得娇嫩细致，光亮洁白。汉代名医张仲景的著作《伤寒论》中指出猪皮、猪蹄有"和血脉，润肌肤"的作用，"令少妇用之，能防止衰老"。可见，利用猪蹄美容，在我国已有一千多年历史了。

另外，猪蹄肉中的猪蹄筋比较坚韧，咀嚼时要费牙劲，这样，在吃猪蹄筋的过程中便使咀嚼肌和面部肌肉得到锻炼，肌肉纤维增粗，体积增大，腮部显得饱满。国内外美容大师观察的结果证明，经常吃猪蹄的人，能使面部长得匀称丰满，防止了上宽下窄猴尖脸的发生。中老年人随着年龄的增加，面部肌肉和咀嚼肌逐渐萎缩，如经常啃啃猪蹄，对保持面容健美更有重要意义。

常吃猪蹄可抗老防癌

现代医疗研究表明，人体衰老的主要原因是因为细胞蛋白质分子与水交叉结合，产生了一个"冰结区"，抑制和削弱了细胞正常的生理功能，使细胞的可塑性出现衰退，从而导致人体多种器官萎缩，弹性减弱，表皮起皱纹，黏膜干枯等"缺水"状态。研究还表明，癌症患者的癌细胞中"结合水"明显减少。所以明显消瘦，主要是由于体内细胞贮水机能发生障碍，如果增加改善水代谢的最佳营养物质，改善人体细胞的营养状态，就可以起抗衰老、防癌变的作用。

猪蹄中含有丰富的大分子胶原蛋白质，而且易被人体所吸收利用。因此，常吃猪蹄，可使机体摄取大量的胶原蛋白质，能够有效地改善机体各脏器的生理功能，具有抗老防癌的功效。猪蹄如果与花生、大豆等同煮炖，其营养更加丰富。

猪蹄赛熊掌

自古以来，人们总是把熊掌视为山珍，把海参视为海味，而猪蹄只不过是一种普通菜肴。其实，这是一种误解和偏见，猪蹄不仅是一种营养佳品，还是一种延年益寿的"良药"。

猪蹄营养很丰富。据营养学家分析，每100克猪蹄中含蛋白质15.8克，脂肪26.3克，碳水化合物1.7克。另外，猪蹄中含有一定量的钙、磷、铁、维生素A、B、C等营养物质，特别是猪蹄中的蛋白质水解后，所产生的天冬氨酸，胱氨酸、精氨酸等十一种氨基酸的含量简直与熊掌不相上下。

尤其须提及的是猪蹄中含有丰富的胶原蛋白，它是一种由生物大分子组成的胶类物质，是构成肌腱、韧带及结缔组织（即人们常说的"筋"）中最主要的蛋白质成分，约占人体内总蛋白质的三分之一。要是胶原蛋白合成发生了异常，就可以引起医学上所说的"胶原性疾病"。

另外骨骼生成时，首先必须合成充足的胶原蛋白纤维来组成骨骼的"框架"，因此，有人称胶原蛋白为"骨骼中的骨骼"是恰如其分的。胶原纤维具有强大的韧性和弹性，倘若把一根长骨比拟成一根水泥柱子，那么胶原纤维就是这根柱子的钢筋框架。胶原蛋白对保持人体细胞中的水分极为重要。据研究，胶原蛋白缺乏时，人体细胞的代谢就会减弱，细胞的可塑性就会出现衰减状态，造成老年人的各种器官萎缩、弹力下降，皮肤和黏膜出现干燥、起皱纹等脱水现象，所以一旦胶原蛋白缺乏，人就会加速衰老。

胶原蛋白还可促进毛发、指甲生长，保持皮肤柔软、细腻、毛发光泽。经常食用猪蹄，可以有效地防治进行性营养障碍，对消化道出血，失血性休克有一定疗效,并可改善全身的微循环,从而使冠心病和缺血性脑病得以改善。大手术后及重病恢复期的老人,食用猪蹄可改善组织钠、水机能低下的状况,有利于组织的细胞正常生理功能的恢复,加速新陈代谢,延缓机体衰老。

但是凡事有度,由于老年人的胃肠消化功能减弱,而猪蹄中脂肪含量高,所以每次不可吃太多,以免难以消化影响食欲。对于患有慢性肝炎、胆囊炎、胆结石的老年人最好不吃猪蹄,否则会使原有病情加重或诱使旧病复发。

吃肉皮可减皱纹

人体为什么会出现皱纹呢?这是因为人体细胞贮存水的机能出现了障碍,细胞水量明显减少而呈现"脱水"表现。但胶原蛋白质又与结合水的能力有关联,人体若缺乏胶原蛋白质就会使细胞贮水机制发生障碍,以致皮肤干燥出现皱纹。而在肉皮中含有丰富的生物大分子的胶原蛋白质,猪肉皮蛋白质的含量为猪肉的2.5倍;碳水化合物的含量比猪肉多4倍多;脂肪含量却只有猪肉的1/2。猪肉皮蛋白质的主要成分为胶原蛋白和弹性蛋白,胶原蛋白约占猪皮蛋白的85%。常食用肉皮可使皮肤贮水功能低下的组织细胞得以改善,减少皱纹,使君肌肤风采永驻。人体也可利用猪皮作原料,补充与合成胶原蛋白,再通过体内与胶原蛋白结合的水(体液)去影响某些特定组织的生理机能而收到补益精血、滋润肌肤、光泽头发、减缓衰老之功效。冬季气候干燥,多吃肉皮对养颜、减皱更有意义。

抗衰养颜食品

芝麻 芝麻所含烟酸、叶酸及维生素 E 等成分可促进细胞分裂，防止过氧化脂质对身体的危害，抵销或中和细胞内衰老物质的积聚，起到抗衰老的作用。

龙眼 又叫桂圆，含有葡萄糖、蛋白质、脂肪类及维生素 A、B 等。它有补脑、抗大脑老化作用。特别是其所含的维生素 A、B 都是驻颜、防止皮肤毛发衰老的重要物质。

枸杞 含有多种不饱和脂肪酸及各种维生素、胡萝卜素、微量元素钙、磷、铁等。具有养阴补血、益精明目、降血压、降血脂、促进肝细胞新生作用。能治疗脂肪肝、高血压、糖尿病等。枸杞子还能增强淋巴细胞的免疫功能。

蜂蜜 含有葡萄糖、果糖、蔗糖、酶类、生物活素以及微量元素锌、锂、镁等。蜂蜜味甘平、补虚赢中，久服强志轻身，不老延年。特别是蜂蜜中的锌、镁等是皮肤健美、美容的重要元素，能使人保持青春活力。

香菇 香菇中含有维生素 A、B_1、B_2、B_2、维生素 D、尼古酸及钙、磷、铁等无机和盐，还含有 30 多种酶和十八种氨基酸、核酸类等。近年发现，香菇中的核酸类物质可以抑制血清和肝脏中胆固醇的上升，并可防止动脉硬化和降低血压。香菇中还含有一种干扰素的诱导剂，能诱导人体产生一种干扰病毒的蛋白质合成的干扰素，使病毒不能繁殖，增强人体的免疫功能。

食物帮你降血脂

中医自古就有"医食同宗"之说。在日常饮食物中,许多普通的食物其实就是降低血脂的良药。

玉米 含有丰富的钙、镁、硒等矿物质以及卵磷脂、亚油酸、维生素E,均具有降低血清胆固醇的作用,它们协同作用效果更大。中美洲印第安人中几乎没有高血压病、高血脂症、冠心病,主要得益于他们以玉米为主食。

大蒜 英国科学家研究发现新鲜大蒜能够大大降低血液中有害胆固醇的含量。大蒜的降脂效能与大蒜内所含物质——蒜素有关,大蒜的这一有效成分有抗菌、抗肿瘤特性,能预防动脉粥样硬化、降低血糖和血脂等。

洋葱 其降血脂效能与其所含的烯丙基二硫化物及少量硫氨基酸有关,这些物质属于配糖体,除降血脂外还可预防动脉粥样硬化,对动脉血管有保护作用。

牛奶 含有羟基、甲基戊二酸,能抑制人体内胆固醇合成酶的活性,从而抑制胆固醇的合成、降低血中胆固醇的含量。此外,牛奶中含有较多的钙,也可降低人体对胆固醇的吸收。

苹果 含极为丰富的果胶,能降低血液中的胆固醇浓度,还具有防止脂肪聚集的作用。苹果中的果胶还能与其他降胆固醇的物质如维生素C、果糖、镁等结合成新的化合物,从而增强降血脂效能。有报告指出,每天吃1~2个苹果的人,其血液中的胆固醇含量可降低10%以上。

燕麦 含有极丰富的亚油酸,维生素E含量也很丰富,而且燕麦中含有皂甙素,可以降低血浆胆固醇的浓度。北京20余家大医院经过多年的临床研究证实,燕麦确有明显的降低血清总胆固醇、甘油三脂及β

脂蛋白的作用，并能升高血清高密度脂蛋包，不论是对原发性还是继发性高脂血症，都有很好的疗效。

鸡蛋 蛋黄中的卵磷脂是一种很强的乳化剂，可以使胆固醇和脂肪乳化为极细的颗粒，从血管中排出，为机体组织所利用，从而降低了血浆中血脂的浓度。另外，鸡蛋还可以使血中高密度脂蛋白增高，对心血管有保护作用。美国医学家的临床实验报告也指出，蛋黄中的卵磷脂确实具有从体内排出血清胆固醇的作用，是高血压动脉粥样硬化和老年性痴呆的"克星"。

除上述食物外，茶、山楂、菊花、荷叶等，均有一定的降血脂作用。尤其是菊花，不仅能有效地降低血脂，而且可以降低血压，作用持久而平稳。

大脑喜欢"吃"什么

一、大脑最喜欢"吃"糖：糖能顺利地通过大脑的各道屏障进入脑组织，被脑组织吸收、利用。许多大脑特别发达的人都喜欢吃甜食，如"棋圣"聂卫平最爱吃西瓜，江铸久喜欢吃桉叶糖，大脑工作效率惊人，其消耗的能量也惊人，仅占全身体重2%的大脑，却要消耗人体总能量的20%，其中主要是葡萄糖。

二、大脑喜欢"吃"谷胱甘肽：过度氧化是大脑早衰的主要原因。存在于蛋白质中的"谷胱甘肽"是抗氧化，遏制细胞"生锈"的物质。动物肝脏、鱼肉中都含有丰富的谷腕甘肽和大脑所需要的其他氨基酸成分。

三、大脑爱"吃"卵磷脂：黄豆、蛋黄里含有丰富的卵磷脂。这种植物性脂肪能在体内释放"乙酸胆碱"，是脑神经细胞间传递信息的桥梁，对增强记忆非常重要。

要想使大脑保持良好的状态，除了上述营养物质外，还要摄取维生素和微量元素，它们是大脑营养物质——分解酶的重要来源。科学家建议多吃水果和蔬菜，如菠菜、胡萝卜、柑桔、柠檬、芒果、香蕉等。

护心食物要多吃

多年来科学家通过流行病学调查研究发现，含有类黄酮、番茄红素、叶酸、天然水杨酸等食物，在默默保卫着心脏的健康，常食这些食物对降低冠心病的发病率与病死率显然颇有益。

一、类黄酮：为一种多酚类抗氧化剂，能抑制低密度脂蛋白氧化，减少血栓形成，每天吃相当一个苹果中含有的类黄酮，可使老年男性冠心病死亡危险减少1/2。荷兰学者研究证实吃类黄酮丰富的食物，患心脏病的危险可减少1/2。苹果、葡萄、洋葱、绿茶中均含此物质。

二、番茄红素：为强效抗氧化剂，能阻止氧自由基损伤细胞膜、DNA基因，具有保护心脏，降低冠心病发作的危险性。尤以番茄汁、酱、沙司及西瓜、红葡萄、龙虾等食物含量高。

三、叶酸：30%至40%的男性心肌梗死与叶酸缺乏密切相关。常食富含叶酸的食物，如红苋菜、菠菜、生菜、芦笋、龙须菜、豌豆、蚕豆、橙、柑桔等有护心作用。

四、天然水杨酸：如西红柿、草莓、樱桃、葡萄、柑桔等浆果类食物富含此类物质，常食有助抑制血小板的黏附、聚集，对预防血栓形成及降低高黏血症有一定稗益。

十月萝卜赛"人参"

现代医学研究测定,每 500 克萝卜中,含蛋白质 3.2 克,糖 32 克,维生素 A 原 96 国际单位,维生素 C 152 毫克,尼克酸 2.4 毫克,以及微量元素钙、磷和铁。值得一提的是,萝卜内含有的糖化醇素和芥子油成分对人体消化功能大有裨益。医学家指出,糖化醇素能分解食物中的淀粉、脂肪等成分。芥子油具有辛辣味,能促进胃肠蠕动,增强食欲,帮助消化。民间素有十月萝卜功过"人参"的美誉。

萝卜真可谓药食两全。中医认为,萝卜味甘辛性凉,有下气定喘、止咳化痰、利大小便、清热解毒的功效。患有急慢性支气管炎或咳嗽痰多气喘者,用白萝卜洗净后切片或丝,加饴糖腌后食用,有降气化痰平喘作用。翻胃吐食,可将萝卜捣碎,加蜜水煎煮,细嚼慢咽,有和胃止吐作用。失音不语,可用生萝卜汁、生姜汁各等份,漱咽。鼻衄用生萝卜汁滴鼻并同以生萝卜汁 50 克,加黄酒少许,温服。跌打损伤,淤血肿痛或烫火伤灼;用生萝卜捣碎敷患处,有消淤散肿、活血止痛的作用。

现代药理研究证实,生萝卜汁还有缓慢的降压作用。高血压和动脉硬化的病人,用生萝卜汁加蜂蜜可做很好的辅助食疗品。萝卜还有较好的抗癌功能。这是因为萝卜内含有纤维木质素,能提高噬细胞吞噬细菌、异物和坏死细胞功能,从而增强人体的抗癌能力。

食疗降血压

高血压是十分常见的疾病,高血压除服药外,合适的饮食也具有治疗作用。

钠摄食过多易导致高血压。这是因为钠与水总是紧密相随,摄食钠过多会引起水滞留,使血容量增加,因此高血压患者应控制咸食食物。而钾与钠是相拮抗的,补充钾可促进体内钠排泄,还可进入平滑肌细胞内,把细胞内钠取代出来。从而可降低血压。国外就有用"水果疗法"治疗高血压的事例,因为许多水果如香蕉、苹果、柑桔等都富含钾。一般认为香蕉蒂为无用之废物,其实不然,香蕉蒂含钾更高,每天取香蕉蒂3~5个,加水适量,文火煎煮,沸后5分钟饮服,一般高血压病人在服用1周后血压显著下降,轻度高血压者可恢复正常。

钙对血压有很大影响。近来国外研究表明,缺钙可导致甲状旁腺释放"高血压因子",促进钙离子内流进入血管平滑肌细胞,导致血管平滑肌痉挛收缩,血压升高。补充钙可降低血压,使30%~40%高血压病人血压降低恢复正常。牛奶、豆类及豆制品、鱼虾及小水产品、海带、芝麻、肉骨头、红枣、荠菜等都富含钙。尤其是牛奶,含钙最多。流行病学调查表明,牛奶消费越多的地区,人们的血压越低。近年来盛行"醋蛋疗法",其有效成分主要系蛋壳中的钙,在醋酸中溶解后与氨基酸结合的胶质钙这种胶质钙易吸收,所以降压效果显著。醋蛋具体制法为:取1个生鸡蛋,洗净,加入醋150毫升,浸3天后蛋壳已溶解于醋中,仅蛋黄膜包着蛋黄。用筷子把薄膜穿破,蛋黄搅拌后溶于醋中,隔2~3小时即可服用。每天早晨服用30毫升,可酌加蜂蜜,1个醋蛋分5天服完。有报道,连服8个月血压恢复正常。

芹菜、荠菜除含钾盐外,还含有特殊降压物质。取新鲜芹菜500

克，洗净，捣取汁，加少量水混匀，一日分2~3次饮限，可降血压。取新鲜荠菜100克，洗净后切碎，再取好粳米100克，淘洗干净，加适量水文火煮成荠菜粥，每日早晚温热服食，可降血压、血脂。大蒜、洋葱含大蒜甙，都有降压功效。每天吃1个中等大小的大蒜头，或4~5个蒜瓣，或吃糖醋大蒜头1~2个，并同时喝些浸大蒜的糖醋汁，连用半个月可使血压下降。洋葱含甲烯丙三硫醇，国外有人研究，每日服洋葱汁2~3次。每次1匙，2个月后收缩压平均下降25毫米汞柱，舒张压下降15毫米汞柱。

防癌海鲜——带鱼

　　带鱼，别名带柳、牙带、鞭鱼、海刀鱼、鳞刀鱼等。其肉细腻肥嫩，味道鲜美，很多人都爱吃。它不仅如此，而且还是药膳，并有你意想不到的功能——抗癌。

　　据科学研究，每100克带鱼含蛋白质19%，高于大黄鱼和鲫鱼，脂肪7.4克，比一般鱼含量都高，它含不饱和脂肪酸较多，有降低胆固醇的作用。此外还含有人体必需的微量元素磷、钙、碘、铁及多种维生素。氨基酸成分很平衡。

　　带鱼身上银白色鳞层，其实不是鳞，而是一层油脂。有人将此油脂喂食头发枯黄的小孩，奇迹出现了，一个月后，发现孩子的头发完全由枯黄变成黝黑色，由此可见，人们吃带鱼时，不应把银白色的"鱼鳞"刮掉，因它还有着特殊的功能。

　　近年来，科学家发现带鱼的银白色"鱼鳞"中，含有一种抗癌成分——6-硫代鸟嘌呤，它能有效地治疗急性白血病及其他癌症，如胃癌、绒癌、淋巴肿瘤等。

　　人们用带鱼肉制成的水解蛋白注射液，可治疗蛋白质缺乏症、急性胃肠炎、烫伤、外科手术中病人体克或不能口服蛋白质等症。

带鱼，是人们理想的补品佳肴，经常食用很有裨益，尤其癌症患者食用时，切勿刮去银白色"鱼鳞"。带鱼虽好，但也不宜一次多食。

果蔬"益心"有新说

据英国科学家最近研究指出：蔬菜水果保护心脏，预防心脏病发生的主要成分，是其所含的番茄红素，而不是以往认为的维生素、微量元素或β-胡萝卜素。

专家们对1000余名中年男子进行调查分析，发现从食物中摄取和吸收最大量番茄红素的被观察者，心脏病发作的危险是摄取一般量者的一半。专家们说，番茄红素是一种强有力的抗氧化物质，能在血液循环中拮抗和阻止自由基对细胞、DNA和基因的损伤，保护血管的功能。而自由基对机体的损伤，会使血液中胆固醇转化为粘于心动脉血管的阻塞物，使血管腔变窄，阻挡血流，致使心肌缺血缺氧而引发心脏病。另外，番茄红素的抵抗和阻止自由基损伤的作用，还能有效地保护组织细胞的基因，防止基因在外来物质的诱导下发生突变，从而能预防多种致命性癌症发生。

番茄红素广泛地存在于各种蔬菜和水果中，其中西红柿、红葡萄、西瓜、红枣、龙虾、螃蟹、胡萝卜等含量最为丰富，中老年人适当地多择食之，对健康十分有益。另外，番茄红素可溶于脂肪，所以用食用油炒煮的各种菜肴，较进食生者更易于促进其吸收与利用。

哪些水果不宜空腹吃

水果含有丰富的维生素，有机酸、糖分等营养成分，尤在今夏，七月流火，南凉北热。若吃点水果，既解饥，又解渴，可为美哉。但是，有些水果却不宜空腹吃。

香蕉：含有大量的镁元素，如空腹吃香蕉，会使血液中含镁量骤然升高，造成人体血液内钙，镁比例失调、对人体心血管产生抑制作用。

橘子：橘子汁含有大量糖分和有机酸，空腹吃橘子，会刺激胃黏膜，使胃部胀闷，嗝酸。

山楂：可行气消食，若空腹时食用，则酸上加酸，会增强人体的饥饿感并加重胃痛。

柿子：含有柿酸、果胶，鞣酸等成分，具有很强的收敛作用，容易与人体的胃酸结合，凝成难于溶解的硬块，易引起"胃柿结石症"。

鲜荔枝：鲜荔枝含有大量糖分和有机酸，若空腹时食用，会因体内突然渗入过量高糖分而发生"高渗性昏迷"。

水果最宜饭前吃

美国一科研小组在对各种节食减肥方法进行实验后认为，在每天用餐前1小时吃一些水果，是一种简便有效的减肥法。因为水果中含有丰富的糖类，它能在体内迅速转化为葡萄糖而被机体吸收，补充身体因体力、脑力劳动而消耗的热量。随着血液中糖含量的升高，能很快降低大脑对血糖偏低的反应,即产生饥饿感。再加上水果中的粗纤维给胃一种"饱胀"感觉,从而缓解了机体旺盛的食欲,对饮食中的高脂肪和高蛋白质的需求量减少。而水果中的粗纤维在体内无法吸收,这就是饭前吃水果能够有效减肥的奥妙所在。

台湾一科学家提出新见解,强调每天用餐前1小时吃一些水果对强体延寿最为有益,其道理在于水果属生食,吃罢生食再吃熟食,体内就不会产生白细胞增高等反应,从而有利于保护人体的免疫系统,增强防病抗癌能力。

每天吃一个苹果可降低冠心病死亡率

据《亚洲医学新闻》报道,荷兰国立公共卫生和环境保护研究所的米切乐·赫托格博士领导的研究小组进行的一项流行病学调查研究表明,老年冠心病患者每天吃一个或一个以上的苹果(至少110克),可以把他们因冠心病死亡的危险性降低一半。据认为,这是由于苹果里含有丰富的类黄酮在发挥作用。

赫托格博士等对805名65~84岁男性进行研究,并测定他们膳食中类黄酮的含量。结果发现,每天类黄酮摄入量最高组(摄入类黄酮≥30毫克)和最低组(摄入类黄酮≤19毫克)相比,死于冠心病的危险性降低一半。首次心肌梗死发生率也明显降低。赫托格博士测定了荷兰人最常食用的28种蔬菜,12种水果和9种饮料中类黄酮的含量,发现除苹果外,洋葱和茶中类黄酮含量也很丰富。美国纽约州立大学的研究人员的测定表明,绿色蔬菜、坚果类和红葡萄酒中也含丰富的类黄酮,这些食品均有防治冠心病的作用。

众所周知,氧化低密度脂肪蛋白容易沉积在动脉管理壁,引起动脉硬化和冠状动脉狭窄,导致冠心病或诱发心脏病发作。发挥抗动脉硬化和抗冠心病作用；类黄酮尚能抑制血小板聚集，降低血液粘稠度，减少血管栓塞倾向，从而防止心脏病发作和降低冠心病的死亡率。

香蕉当药是良方

香蕉，又名甘蕉、蕉果、蕉子等，是我国南方四大果品之一，它又遍布全世界，堪称为"世界之果"，气味清香，生熟皆可食用。香蕉，味甘、性寒。归脾、胃、大肠经。香蕉营养丰富，含有脂肪、蛋白质、淀粉、糖、维生素A、B、C、E，以及果胶、矿物质钾等。具有清热滑肠、润肺止咳、消炎降压的功能。主要用于高血压、冠心病，急性角膜炎、肠癌、咳嗽、痔疮、疔肿、手足皲裂、烫伤等病症。现介绍几种常用治疗方法，供读者选用。

治高血压　每天吃香蕉3~5个，经常食之有效；或用香蕉500克，黑芝麻25克；用香蕉蘸半生的黑芝麻嚼吃；日分三次吃完。

治咳嗽　日取新鲜香蕉1~2个，放入冰糖适量，进行炖服，每日1~2次，疗效颇佳。

治手足皲裂　取香蕉（香蕉皮黑者最好）一个，置火炉旁烤热，趁热摩擦患处，每日数次，效果尤佳。

治便秘出血、痔疮每天早上起床后洗刷完毕吃香蕉1~2个，可起到润肠、通便、止血的作用；或用香蕉2个，连皮炖熟食之，日服一次，有疗效。

香蕉亦有忌。香蕉性寒滑利，故脾胃素虚，腹泻便溏、阳气不足者慎用。香蕉富含钾盐、故肾功能不全、少尿时忌用。

价廉物美——豆浆

豆浆所含蛋白质不仅数量上优于人奶、牛奶，而且营养价值还是植物蛋白质里最好的。它含有人体必需的八种氨基酸，因为赖氨酸含量高，可弥补谷类蛋白质的缺点，若一同进食，会显著提高蛋白质的生理效价。

豆浆有它的独特之处。一是蛋白质利用率高，可达百分之八十以上；二是豆浆中所含的大豆皂甙，具有抗菌作用，能抑制体内脂肪发生过氧化现象，防止动脉硬化、延缓衰老，三是味甘性平，具有补虚、清火、化痰、退淋的医疗功能。以豆浆一杯煮开，冲入陈芥菜卤半酒杯，饮之可治肺痈肺痿。

多喝全脂牛奶可防癌

去年在法国巴黎出刊的一期《新科学家》杂志，对美国科学家进行牛奶抗癌研究做了综合报道，报道指出，多喝全脂牛奶，有助于预防各类癌症。特别是牛乳脂中含有大量特种脂肪酸，可在预防血癌、乳癌、大肠癌、卵巢癌及前列腺癌方面发挥效果。

报道引述美国纽约康奈尔大学的实验研究报告，证实了特种脂肪酸的产生过程和抗癌作用。牛是反刍类动物有4个胃，其第一个胃中含有某类细菌，会生产制造CLA脂肪酸。牛奶中含有CLA脂肪酸，就是由乳牛第一个胃中的这类细菌生产出来。此种CLA脂肪酸可以对人体细胞中的化学氧化物进行清理工作。细胞中的氧化物一旦减少，不仅可以降低人体细胞突变率，也进而减少人体器官致癌之机率。

科学家依据动物实验所得的结果，计算出体重70千克的人，每日约需吸收3.5克CLA脂肪酸，能有效预防癌症。

报道引述了美国艾奥瓦大学的实验研究报告也证实，CLA脂肪酸只能存在于反刍类动物的身上及乳脂中，若是只喝脱脂牛奶，那就无法从牛奶取得抗癌CLA脂肪酸。至于喝半脂牛奶的人，仍可经由食用酸奶、乳酪、反刍类动物的肉类等食物，以得CLA脂肪酸。

科学家研究指出，尽管目前还没有任何人类流行性疾病研究证实CLA脂肪酸和人体癌症关联，但据芬兰的一项日常惟民乳癌风险研究显示，饮用全脂牛奶在预防乳癌的效果上，极为明显。为促使人类饮食中CLA脂肪酸含量增加，在乳牛饲料中加入玉米油，可使牛奶中CLA脂肪酸含量加倍。

莫与酒为友，请男士注意

酒是最古老的饮料，一直为世界各国人民所喜爱。酒确实能给人以温暖和欣快，使人减轻痛苦，获得松驰和解脱，因而，它也就成了最容易为人们所接受的理智的麻醉剂。郁郁愤懑者可以借酒浇愁，胆小懦弱者能够"仗酒增勇"……可惜这种亢奋是短暂的，一过性的，一俟酒劲过后，烦恼依然萦怀，怯懦仍旧缠身，一切都还是老样子。增添的只是头晕、倦怠和惆怅。更可怕的是，凭着酒力人会做出无理智的举动，祸人害己；长期嗜酒所引起的疾病，又为饮者营建了一个活地狱。所以，酒又被人称为人类"友好的敌人。"

酒实际上是一种中枢神经系统的麻醉剂，它所带来的兴奋，与咖啡、茶叶的醒脑、提神完全是两码事。酒精能杀伤神经细胞，嗜酒对于脑血管性疾患，原发性高血压，冠心病等疾病的发生与发展，有着不可低估的作用。酒精对消化道黏膜的直接刺激，可以导致胃炎、胃及十二指肠溃疡，它还可以引起肝硬化、肝癌等。一次酩酊豪饮，可能诱发急性胰腺炎、心肌梗死、急性酒精中毒，甚至猝死。如果在服药物时饮酒，可增加药与酒之间相互作用和毒性，引起一些不该发生的新的疾病和意外情况。

醉酒后发生的暴力行为、家庭冲突、精神障碍以及车祸等等，都会给人们和社会带来灾难。目前车祸的最多原因是酒后驾驶，仅美国每年就有3万人由此丧生。

苏联医生博士兹马诺夫斯基给现代健康归纳了一个著名的公式：健康＝情绪稳定＋运动＋适度饮食/懒惰＋酒＋烟。显而易见，酒与健康是成反比的。为了你的身心健康和家庭美满幸福，也为了他人和社会的安宁，望君戒酒，用友好的方式跟"友好的敌人"——酒分手。

饮酒过量易患癌症

据世界卫生组织统计，全世界每年约1000万人患各种癌症，70%以上的人被夺去了宝贵的生命。中国每年因癌症致死的人高达80多万。其中一个重要的原因是与饮酒过度有关。美国专家通过研究发现，每日饮6易拉罐以上啤酒者患癌率是不饮啤酒者的25倍，每日饮3两以上白酒的人患癌率比不饮酒的人高10～15倍。

为什么饮酒过度会患癌症呢？第一，酒里含有害物质。白酒的主要成份是乙醇，除乙醇外，还含有微量甲醇、丙醇、丁醇、戊醇、异戊醇等杂醇油及其他有毒的化学物质，这些对人体有害的醇和多种无机营养元素容易溶解在酒中，当酒精从体内排出时，也将被带入机体内有害的化学物质毒害，并能造成无机营养元素（钾、镁、钙、硒、铁、镁、

锰、铬、锗等)的流失,造成机体免疫功能降低,抗病能力减弱。同时由于血中无机元素的降低,使代谢过程中的核糖核酸中微量元素减少,癌病毒内的癌基因乘机兴风作浪,端粒酶被激活,使癌细胞无限制地分裂、增殖而发生癌症。第二,解热镇痛药物其主要成分为阿司匹林、非那西丁、氨基比林、安乃近等。非那西丁可引起白细胞减少及粒细胞缺乏症,并对人体的造血系统有一定的损害,易患白血病。长期或大量使用非那西丁复方制剂,还可损害肾脏,严重时有引起肾乳头坏死,部分病人可诱发肾盂癌及膀胱癌。

啤酒有防癌作用

日本科学家发现,啤酒酵母对防治癌症具有强大的效力。据了解,偶氯色素群中的"OAT"及"DAB"是引起肝癌的"元凶"。而啤酒酵母能很有效地抑制 OAT 引起的致癌性。日本北海道大学的科学家使用比 DAB 更强烈的能够致癌的六甲基 DAB 物质,来观察啤酒酵母是否可以抑制肝癌的发作,实验结果表明,没有添加啤酒酵母的饲料所饲养的老鼠,在 200~300 天内几乎都得了肝癌或肝硬化,随后全部死亡;而加了啤酒酵母的饲料所喂养的老鼠,400 天以后仍有 42% 健康。

啤酒为什么能够防癌呢?专家发现,啤酒酵母的细胞壁和菇类的抑癌物质相同,是癌细胞的"克星",它能使生物产生对癌症的免疫力,抑制癌细胞的繁殖,从而达到防治癌症的作用。

保健珍品——西洋参

西洋参，顾名思义，是舶来品。原产于北美洲加拿大的寒冷地带，温凉属性，味甘苦略带甜味，长期服用，可明目清心，益肝润肺，健脾肾胃，延年益寿。其品以该国魁北克省产区为上乘。20世纪80年代初，我国在烟台引种培植成功以来，西洋参的药用保健作用已逐为国人所知。据近年来科学研究证实：其中有效成分——人参皂甙和多种微量元素等对调节人体机能，提高自身免疫力，促进体内新陈代谢具有明显作用。对中老年各种腥热性慢性疾病疗效显著，一年四季皆可服用。尤其在炎热的夏季三伏天中。其保健作用更是妙不可言。此外，对各种中、晚期癌症患者亦有相当的辅助治疗作用，并能有效地延缓生命。

其服用方法简单方便：

一、文火煎熬法：取10克以下西洋参一支，放入瓦罐中煮软，然后取出用刀切成薄片，与糖箱一并放入罐中文火煎熬至其汁出，即可取出服用，最后将参渣全部吃掉。二、泡用法：将西洋参煮软取出，用刀切成数枚薄片，取5~7片为宜，入杯中，用沸水冲入，如同饮茶，最后将参渣一并服下。

三、口含法：将西洋参数片放入口中含服，如同吮嚼水果糖一般，最后将参渣一并吞下。

食人参进补的用量与方法

人参的进补用量，因参类不同可每日 3～9 克。自冬至到立春，以服用 100～300 克为宜。如因体质虚弱，病情需要，可适当增加剂量或配合其药物服用。一般服用 10 天或 15 天后便应停服几天再继续服用。人参的服用时间，以每日早晚空腹时服用为好。下面简介几则传统的服用方法：

人参汤：将人参置参盅内，放入半碗水，融水炖 10—49 分钟，早晚各服 1 次。第二次服完参汤后，可将参渣咀嚼一起服下。

人参粉：将人参加工成细粉，温水吞服。

人参酒：把人参切碎后，浸泡在白酒中，2 周后即可服用。

人参切片含服：慢慢咀嚼参片，将参渣一起服下。该法由于携带、服用均便，特别适宜外出旅行。

此外，也可将人参配合其他滋补药物熬成膏，早晚冲服。

结合食疗进补人参，既是餐桌佳肴，也是进补珍品。如参归炖猪心、参归腰子、人参煨鸡、人参虫草炖鸭等。

根据传统经验，在服人参期间不可同时食用萝卜和蟹；忌食绿豆，以免影响效果，如遇感冒发热或妇女行经期应停用。

21 世纪喝什么

如今，世界饮料正在展开一场大战，竞争日益激烈。为了占领 21

世纪饮料市场,世界各国都在开发新型的饮料产品,其发展趋势有以下几种:

果汁饮料 传统的果汁饮料大多为橙汁,欧洲一些国家以苹果榨汁,都深受消费者欢迎。

蔬菜饮料 将蔬菜加工成蔬菜汁作饮料,是近年来发达国家兴起的饮料新潮流,其营养价值高,是人们喜欢的主要原因。它含有人类赖以生存的碳水化合物、蛋白质、脂肪、粗纤维、微量元素、维生素等,特别是含有生理活性物质—酶。可直接参与人体内的新陈代谢,这种特殊作用是一般水果所没有的。另外,从营养健身、美容角度讲,常饮天然饮品有利于人体健康,近几年来,各国开发的此类饮料包括菠菜、胡萝卜、芦笋、白菜、白萝卜和大蒜制成的饮料,随着饮料市场的发展,原汁原味的蔬菜饮品会越来越多。

保健减肥饮料 法国最近研制出一种果皮芳香饮料,呈玫瑰色,是一种保健减肥饮料;日本研制出一种鲜花饮料;美国研制成一种大米发酵饮料和米糖饮料。另外中国香港不久前也刚上市一种减肥可乐和减肥百事可乐等,都受到消费者欢迎。

奶类饮料 如今,在饮料市场中奶类饮料在国内外崭露头角,成为饮料新格局中的一员。在奶制饮料中,仅杏仁饮料在市场中就很快占了相当大的比重,最初,是以杏仁露为主,尔后是鲜榨杏仁露。而椰汁、花生奶、瓜汁以及各地流行的奶制饮品仍方兴未艾。奶品饮料之所以"火",就是奶类饮料营养丰富,老幼皆宜,还不受季节限制,无论是冷冻还是加热都均可饮用,尤以冬季加热饮用为更佳,此外更适用于各种酒席和宴会。

蚕丝饮料 将蚕丝用人工的方法溶解,经提纯灭菌处理,制成无色、无味的"食和丝",再添加一些诸如果汁、糖等辅料,就成了既美味可口又富有营养的丝饮料。据测,蚕丝饮料含有蛋白质和各种人体必需的氨基酸,是理想的天然保健品。

野生果汁饮料 野生果汁饮料也被称为第二代果汁饮料(第一代是桔、橙、苹果汁等;第二代是野生沙棘、野蔷薇、黑加伦汁等)。由于有些野生植物中含有的某种维生素、氨基酸和微量元素比传统的第一代果汁饮料高几倍或几十倍，有的还有一定的药用价值，因此，有后来者居上之势，越来越引起人们的重视。

可乐和汽水中加入天然果汁　在传统含碳酸气的饮料中加入各种鲜果汁，成为含碳酸气的饮料新品种。如美国可口可乐公司在新加坡推出的樱桃可口可乐；还有在葡萄酒、啤酒中加入鲜果汁制成的饮料，其果汁浓度一般为3%～10%。

痛定思痛话补碘

山东省单县796名小学生服用"碘钙营养片"，412名出现中毒反映；辽宁省兴城市644名小学主服用碘油丸，450人出现不良反映；兰州市西固区437名小学生服用"海藻碘营养片"，半数学生出现不良症状；出现过类似群体不良反应的还有河北、湖北、河南、宁夏等省、自治区。在这一个个事件发生之后，在我们冷静下来之时，需重新审视的便是——

补碘源于缺碘，我国是一个缺碘大国，全世界10亿人生活在缺碘地区，其中4.2亿在中国。

碘缺乏病（IDD）严重影响儿童智力。由于严重缺碘所致的地方性克汀病患者，智力低下，成为终生智力残疾者在我国就有20万人。有些IDD儿童虽然貌似正常，但不能像正常孩子那样读书，这种智力低下儿童被称为亚克汀病，在我国竟多达800余万人。

由于IDD严重影响缺碘地区人民的身体健康，并对我国经济建设造成严重不良影响，因此，我国政府在1992年制定的《九十年代中国儿童发展规划纲要》中明确规定，到2000年基本消除IDD。

预防IDD最有效的措施是食盐加碘。我国几十年对IDD的防治经验，以及世界各国的实践，均证明碘缺乏区居民，只要正确食用加碘食盐，就能有效控制IDD的发生。这是一项简便易行、行之有效和经济实用的方法。为了确保此项工作的开展，我国从1995年10月起实行全民食盐加碘措施。即无论是否生活在缺碘地区，一律食用加碘食盐。这样做对于生活在非缺碘地区居民，会不会出现高碘危险？回答是否定的。因为正常人每天摄入1000微克碘是安全的，而通过加碘食盐只能摄入碘200微克左右，从其他食物中获得碘200~300微克，两者总数约500微克，为安全量的一半。

食用加碘食盐可以确保缺碘地区一般居民不至缺碘，但对于大脑发育迅速的胎儿和2岁以下的婴幼儿，仍然不能完全满足碘营养需要。为此，对于孕妇、哺乳母亲、2岁以下婴儿以及育龄妇女这些特需人群，实行强化补碘措施，即在专业机构医生指导下，服用碘油胶丸或注射碘油针。由于这些碘制剂有一定毒副作用，因此必须在专业机构医生指导下进行。

随着消除IDD工作的深入开展，这一问题越来越受到社会各方面的重视。随之而来的是碘制品和加碘保健食品热，这股热潮是由一些厂家和商家发动起来的。一时间，含碘保健药品、含碘食品和含碘保健食品在中国大地上发展起来，这些产品广告称含碘产品能"增强儿童智力"，能使孩子"聪明"。有的名称就叫"智力碘'；有的甚至把他们的产品与考出好分，考上好学校联系起来，这纯属误导，碘绝不是聪明药。缺碘地区的特需人群补碘可以避免生出智力残疾儿童，但一般儿童，尤其非缺碘地区儿童补碘，不会增加智力。混淆碘预防IDD作用与增加儿童智力作用的概念，本身就是一种错误。

补碘是全球行动，在我国是政府行为。我们必须认真执行卫生部和教育部通知，防止滥用碘制品和加碘食品，杜绝任何单位和个人擅自向学校推荐和销售任何加碘食品和制品的违法行为，使令人痛心的事不再发生。

警惕吃出来和躺出来的糖尿病

糖尿病,这种20年前还很少听说的病,如今人们对它已不陌生了。一项权威的普查显示,80年代初,我国每1000人中患糖尿病的仅有8.7人,而今,在每100人中就有6人患上了显性或隐性的糖尿病。那么,人为什么会得糖尿病?糖尿病该如何预防和治疗?带着这些问题,记者走访了中国中医药学会糖尿病治疗中心主任吴以岭教授。

谈到糖尿病的发病原因,吴以岭介绍说,目前比较普遍的看法是,糖尿病的发病原因包括内因和外因两部分。内因指遗传,即家族中有糖尿病史;外因指肥胖、高糖高脂肪食物、运动量不足等。许多患者虽没有家族病史,但他们每日的热量摄入多、消耗少,最终诱发糖尿病。有人说,糖尿病是吃出来和躺出来的现代富贵病,这话有道理。

吴以岭教授告诫人们,目前在世界范围内,还没有找到根治糖尿病的办法,这就意味着一旦得上,糖尿病将伴随病人终生。糖尿病的危害在于它可能并发100多种急、慢性疾病。糖尿病的致死率仅次于心脑血管病及肿瘤。糖尿病虽然不能治愈,但可以通过治疗来控制住病情的发展。目前,中医对糖尿病及各种并发症的治疗,走的是标本兼治之路,效果不错。

怎么才能预防糖尿病呢?吴以岭教授提出以下三点忠告:

第一,调整饮食结构,树立健康的饮食观。需要明确的一点是,大鱼大肉的饮食习惯对健康无益,在日常生活中应避免摄入过多的高糖高脂肪食物。体态偏胖者,不但要注意饮食结构,还要采取措施减肥,因为肥胖是诱发糖尿病的危险因素。近年来城市中的肥胖儿童越来越多,这种现象应该引起家长们的高度警惕。另外,随着农民生活水平迅速提高,劳动强度不断下降,传统的饮食习惯已经构成了诱发糖尿病的潜在威胁。

第二，加强体育锻炼。其方式方法因地、因人制宜。既然糖尿病有"吃出来和躺出来"的说法，那么只要把住"吃"的关口，坚持"动"的原则，糖尿病是可以预防的。

最后，由于隐性糖尿病患者的症状不明显或者干脆无症状，往往是出现了并发症后，才发现元凶竟是糖尿病。所以人到中年以后，体检时应把血糖、尿糖的检测列入常规检查项目，以便发现问题后及早医治。

糖尿病保健常识

随着人们生活水平的提高，加之体力活动减少，糖尿病的发病率越来越高，占6%~7%，极大地危害着人们的身心健康，下面就如何早期发现糖尿病、如何预防、如何保健作一简介：

1. 如何早期发现糖尿病

①有消瘦乏力、多饮、多食、多尿等症状；②高血压、高血脂、动脉硬化、冠心病等；③易饥饿，怕劳累；头累眼花，白内障等；④抵抗力弱，易感冒，尿路感染、蛋白尿等；⑤牙周炎、龋齿等；⑥易患疮痈肿、胆囊炎、结核病等；⑦肢体疼痛、麻木；⑧易流产、生育巨婴的妇女；⑩直系亲属中有此病史者。若有上述种种表现，可定期去医院检查，及早发现，及早治疗。

2. 如何预防糖尿病

①保持健康的生活方式。饮食方面不偏食，不过食肥甘厚味，勿饮酒过度，平素粗粮细粮搭配，防止肥胖；起居方面尽量做到"日出而做、日落而息"，切勿黑白颠倒。应该顺四时之序，饮食有节，起居有常，并有意识地锻炼身体，保持充沛精力去生活、工作。

②预防感染。养成良好的卫生习惯，防止感冒、腮腺炎、胰腺炎、

肝炎等疾患。即使患病后，亦应选用副作用小的有效中西药物治疗。

③在服某些药物的时候，如利尿剂、避孕药、强的松、雷米封、可乐定等，要有意识地监测血糖变化，防止发生继发性糖尿病。

3. 如何做好日常保健

①精神保健。一旦确诊为此病，应抱着正确的态度，以充分的自信心去战胜疾病，不能被糖尿病这顶帽子压垮，而精神萎靡，不愿工作，不敢运动、整日休息。也不可视而不见，各方面不加注意，情志失调，过于劳累，或过忧过喜，均能导致内分泌紊乱，不利于控制血糖。

②运动锻炼。Ⅰ型（胰岛素依赖型糖尿病）患者运动量不宜过大，以免发生低血糖，可采取散步、做操等轻度的锻炼方式，Ⅱ型（非胰岛素依赖型糖尿病）患者运动量可稍大些，如快走、慢跑、骑车、打太极拳等。不管哪种运动方式，须持之以恒，才能达到锻炼目的。

③饮食保健。主食以粗粮为主，细粮为辅；副食以蔬菜为主，瘦肉、蛋类为辅，可吃小鱼等。正所谓"粗茶淡饭，健康有源"。不论每日三餐，还是四餐，均要吃饱，避免或减少饭前心慌、手抖、出汗等现象。尤其是儿童、孕妇更应注意。平时可将苦瓜、南瓜、亚腰葫芦、番石榴等研粉，适量内服；亦可将糯米、黑豆适量煮粥常服。

④适当用药。优降糖、达美康、胰岛素等药要在医生指导下使用，定期化验血糖、尿糖，以及肝功、血常规等，以免发生不良反应。若有高血压、高血脂等，需对症治疗，中西医结合，疗效会更理想。

总之，预防为主、早期诊断、积极治疗，糖尿病是完全可以获得良好控制的。

糖尿病并非不治之症

长期以来，国内外的专家、学者对糖尿病进行了深入细致的研究，并研制了多种专治糖尿病的药物。但是，到目前为止还没有一种药物能完全治愈此病。因此，有专家、学者对糖尿病作出为终生性疾病的结论。糖尿病果真难以治愈吗？我们有大量的病例证明，治愈糖尿病的可能性是完全存在的。

　　我们在浩瀚的祖国医学海洋中寻觅了十余个年头，发现祖国医学所提示的人体上、中、下三消症，都以临床表现症状而定。上、中、下三部位又有其相对应的脏器。上为肺、心；中为脾、胃；下为肝、胆、肾等等，为研究糖尿病发病机理提供了一个有力的依据。我们在接触大量病人的过程中，发现有肺心型、脾胃型、肝胆型、肾型、情志型等等一系列不同病变引起的糖尿病。西方医学认为的动脉硬化引起的眼底动脉硬化导致的白内障，以及动脉硬化脉管炎、肾病（血脂、血黏稠）等一系列临床表现，实际上多为糖尿病常见的并发症。我们在研究中发现，不论糖尿病属于前述的任何一型，都有其共性。我们从上百例病人的病史和主诉中发现，患者都不同程度地伴有便秘、乏力、消瘦、前期口干、唾液粘稠等症状，大都爱生气，或感忧郁，病因有家族遗传因素等等。祖国医学的阴阳学说很精湛地阐述了这一问题，即此病的种种表现大多属于阴虚型。据此，在临床实践中，我们对糖尿病患者采用滋阴降火、解毒的治疗方案，收到很好的效果。同时，纯中药治疗弥补了西药治疗上的缺陷。一些长期以来服用"优降糖"或者"美必达""达美康""二甲双胍"等降糖药的患者，日久易出现肾病综合症。在临床表现中，服用此类药品的患者，都会不同程度地出现腰痛，尿糖居高不下的症状和患者血糖正常，尿糖4个加号的现象。同时，此类药又与降压药类似，药一停，血糖、尿糖又会上升。

　　在目前的条件下。虽然还没有一种药品能治愈糖尿病，但治愈糖尿病的可能性还是有的。我们通过十余年的学习、实践制定出了一套自认为是较好的治疗方案，即药疗＋食疗＋心理的三合一疗法：

　　一、药疗。用滋阴、解毒、泻火法拟定适合患者病情的药物，也可用上市的各种降糖药，但一定要注意正确选择适合自己病情的药。

　　二、食疗。这是一个既古老又有新意的疗法。食疗的总的原则是，

要把握好"度',要依病进食,比如像一些含木醇类糖的水果:香蕉、梨子、菠萝等,在中药中归于凉性,应提倡饮用;对甜瓜、葡萄、桔子一类的水果,病人可以少吃,因此类水果性温、偏热,正常人多食后也会出现热燥上火现象。在食疗方面,我们拟定了一个方案,主要食品有市售的苦瓜、南瓜粉、豆类食品、降糖茶、降脂茶。对于大便不畅者,可配以口服眼红花籽油等。如何正确食用上述食品;最好在专科医生指导下进行。对市面上销售的各种糖尿病食品,应在医生的指导下进食,切不可盲目服用。食疗的方法很多,因各地的饮食习惯、民俗习惯的不同,应因地制宜。

(三)心理疗法。心理疗法简单易行,有效。对此,祖国医学早在几千年前就有精湛的论述:喜、怒、忧、思、悲、恐、惊七情可以致病也可以治病。这一哲理说明了心理疗法的重要性。心理疗法,主要是要调整心态的度。心理医生常奉劝患者,要放宽心,正确对待所发生的事情。佛教提出"四大皆空",其中寓含的要笑面人生、淡泊明志的思想也是一种调整心态的方针,这对一些注重名利得失的患者尤为重要。凡事先替别人想过,再考虑自己,对调整心态将是一个好的飞跃。病人应该相信科学,配合医生治疗,以积极的心态,以科学的态度对待自己的疾病。此外还要接受专家的心理咨询,注重机能的锻炼,生活有节律,有条件的可以出外旅游,也可以参加力所能及的工作,使精神生活丰富一些。患者如能正确把握上述三合一疗法,我们相信,您的病情是会向好的方向发展。

戒烟禁毒保健

教师必备知识丛书

吸烟与健康——美国近况与数字

据美国癌症学会报道,在美国社会的死亡原因中,吸烟引起的死亡最不容易预防。在美国,每5例死亡者中有1例死于吸烟。和不吸烟者相比吸烟者平均少活15年。

在患肺癌方面,男性吸烟者肺癌患病率比不吸烟者高22倍,女性吸烟者则高12倍。肺癌患者中87%吸烟。吸烟尚与口腔癌、咽癌、喉癌、食管癌、胰腺癌、宫颈癌、肾癌及膀胱癌相关。在所有癌症死亡病例中,30%与吸烟相关。此外,吸烟是心脏病主要病因之一,并与感冒、胃溃疡、慢性气管炎、肺气肿及心血管病相关。

尼古丁瘾。香烟烟雾中含有4000多种化合物,其中包括至少43种不同的致癌物质。香烟瘾的药理和行为形成过程与海洛因及可卡因毒品瘾的药理和行为形成过程相似。

在美国,1993年约50%原吸烟者已戒烟(4600万人)。在所有吸过烟的成人中,52%的男性及47%的女性已戒烟。有大学学历的吸烟者中,近2/3已戒烟。

戒烟的好处包括:任何年龄的吸烟者,在停止吸烟后,其寿命将长于继续吸烟者。50岁以前停止吸烟者,其15年内的死亡危险(65岁前死亡)仅为继续吸烟者的1/2。停止吸烟可明显降低发生肺癌、喉癌、食管癌、口腔癌、胰腺癌、膀胱癌及宫颈癌的危险。

由于吸烟的产业工人接触某些有毒性的物质,如来源于橡胶及氯的气体,源于棉花及煤炭的粉尘等,因而特别容易患肺疾患。接触石棉的工人,如果吸烟,其患肺癌危险将增加60倍,吸烟还使接触氡(radon)的矿工发生肺癌的危险增加。

被动吸烟危害儿童健康

科学研究表明，被动吸烟对人体的危害，要比人们想象的大得多。不少"瘾君子"无意识的举止，往往造成很多人无辜生病死亡，这绝不是危言耸听。美国环保局的科学家们分析了日本、中国和香港等8个国家和地区24项研究资料后宣布：间接吸入的纸烟雾，是"A级致癌物"。它由散在气体中看不见的微粒组成，这种致命的混合物，含有400种化合物，其中43种已被认为是致癌物。

专家们估计，7%的肺癌是由于人们被动吸烟引起的。

在家庭中，深受被动吸烟之害的莫过于配偶和儿童。儿童生活在至少有一个吸烟者的家庭里，呼吸着由烟草散发出的烟雾，发育未全的呼吸和免疫系统无力防御这些有害气体，他们最有可能得气管炎、慢性咳嗽、喉炎和中耳炎等。生活在吸烟者周围的儿童，比在无吸烟环境中成长的儿童，到成年时患肺癌的可能性要大几倍。在有不止一个吸烟者家庭中生活的孩子，这种危险性特别大。美国癌症中心肺癌专家威廉博士说，正发育着的组织比已成熟的组织受致癌物质感染容易得多。他直截了当地对媒体宣称"在孩子面前吸烟的父母们，实际上就是正在犯着虐杀孩子的罪行"。

吸烟的六大危害

吸烟易致肺癌这是不争的事实。但是，吸烟对健康的危害还不仅仅于此，几乎可以说，吸烟对人体的侵害是全方位的，下面例举的种种危害可以说明这点。

吸烟影响药效 吸烟可使肝脏代谢酶的活力增强，从而加快某些药物在体内的代谢过程，促进其分解，使药效下降，达不到治疗目的。美国医学家曾对服药后半小时内吸烟和不吸烟的人进行药效测试，结果表明不吸烟者血液中的药物有效成分比吸烟者高 20 倍左右。

吸烟有碍思维 很多人以为吸烟能提神，加速思维，其实不然。烟中的尼古丁对大脑神经虽具有刺激兴奋作用，但是在吸烟过程中所产生的一氧化碳与血中的血红蛋白相结合，使之失去了携带氧气的能力，因而造成人体内氧分不足。特别是大脑在加班加点工作时消耗的氧分需要更多，此时吸烟，大脑得不到氧分的充分供给，思维必然会变得迟缓。

吸烟易致中风 血小板是飘浮在血中的盘状细胞，如果某处血管受伤、血小板会分泌出一种称为血小板素 A_2 的物质，促使血小板变浓而凝块，这样能止住出血，但也能堵塞动脉。研究发现，吸烟者的血小板素 A 的含量相当高，表明他们的血小板正积极地分泌该种物质，因此吸烟易致中风。

吸烟影响视力 吸烟会丧失身体中必需的维生素，特别是维生素 B_2。实验表明香烟中的焦油和尼古丁是大量消耗维生素特别是维生素 B_{12} 的罪魁。而缺乏维生素 B_{12} 则会引起视力模糊。那些抱怨眼睛容易疲劳或阅读困难的吸烟者，可能会有"烟草弱视"的症状，它表现为经常头痛、眩晕，早晨吸完一支烟后手指发凉并且很难区别出红色和绿色。

吸烟影响骨折愈合 美国的研究人员对 29 名非吸烟者的取样检查表明，在他们骨折后 2 个月，新生的骨骼就能用 X 射线探测到，但是，在吸烟者身上就探测不到新生骨骼。经分析，吸烟者骨折愈合缓慢是由于尼古丁使血管收缩，从而减少了流向骨折处的血液。吸入的一氧化碳还容易降低人体内的氧化含量，这也促使骨折愈合减慢。

吸烟致溃疡病难愈 据一次国际骨肠病学术研讨会的综合报道，吸烟是引起溃疡病及影响愈合的最重要因素之一。大量调查资料证明，吸烟者溃疡的愈合比不吸烟者要慢得多，而且 90% 的人在 12 个月内又会复发。这是因为吸烟会使内脏的供血量减少，导致胃和十二指肠黏膜的抵抗力削弱，并引起夜间胃酸分泌增多，使吸烟者的溃疡病久治不愈。

戒烟不存在"戒断症状"

烟草的尼古丁对中枢神经系统具有兴奋和抑制双重作用，但烟草并不能造成那种病态的依赖性。人对吸烟的嗜好，大部分原因是在长期生活中形成的一种习惯或者叫条件反射，比如写文章时吸烟或饭后吸烟，久而久之成了习惯。以后每逢写文章的时候或饭后，马上就想吸烟，这是一种精神心理反应。

戒烟绝无戒断症状，一些戒除了吸烟习惯的人仍然工作得很好，精神状态也很好，没有任何戒断症状，这充分说明吸烟并非会成瘾，有的人戒烟开始时可能有一种若有所失的感觉，有点心绪不宁，有的稍感精神不振，唾液增多，这主要是条件反射的表现。

有部分戒烟者在戒烟初期出现了一些心神不宁的条件反射的反应，就认为自己已有烟瘾，无法戒断，从而导致戒烟屡戒屡败。其实香烟没有成瘾性，只是戒烟之初由于长期吸烟形成的条件反射较强所致，只要此时继续坚持戒烟，随着戒烟时间的延长，此种条件反射会慢慢减弱，最后消失，戒烟就会成功。在戒烟过程中出现的一些条件反射的表现。不同于毒品戒断症状导致的心理和生理危害，戒烟不会对身体及心理产生危害，因此不必担心。

戒烟后的人体变化

据美国癌症学会（ACS）、美国疾病控制及预防中心（CDC）联合公布的材料称，在停止吸烟后，身体便开始发生下列变化——

20分钟：血压降至正常，脉搏恢复正常，手和足温度恢复正常。

8小时：血水一氧化碳水平降至正常，氧水平升至正常。

24小时：发生心脏病发作的危险开始下降。

48小时：神经末梢开始再生，嗅觉功能及味觉能力增强。

2周至3个月：循环改善、行走能力加强，肺功能增加达30%。

1至9个月：咳嗽、鼻窦充血、疲劳、气短等问题减轻，气管上皮细胞纤毛再生，粘液排除能力增加，感染减少，身体总的精力增加。

1年：冠心病发病危险已降到吸烟者的50%。

5年：原每日吸1包烟者，肺癌死亡率下降近50%。卒中发病危险在戒烟后5～15年时降至非吸烟者水平，发生口腔癌、食管癌的危险降到吸烟者的50%。

10年：肺癌死亡率相当于不吸烟者。癌前细胞已被正常细胞取代。发生口腔癌、喉癌、食管癌、膀胱癌、肾癌及胰腺癌的危险下降。

15年：发生冠心病危险与不吸烟者相同。

吸烟导致血管硬化

美国医家专家不久前进行的调查表明，主动和被动吸烟都会导致人体动脉血管严重硬化，而且这种损伤是长期的。

美国韦克福里斯特大学的专家称，他们对1万多名45岁至65岁的人进行了3年的跟踪调查，用超声波探测他们的颈动脉壁变厚的情况。结果发现，过去33年来平均每天吸烟一包以上者，颈动脉粥样硬化的机率比不吸烟者高出25%。自己从不吸烟的被动吸烟者中，平均每周被动吸烟时间达18至20小时的人，动脉粥样硬化的概率比没有受过任何吸烟危害的人高出20%。

专家指出，这次调查首次把被动吸烟与颈动脉狭窄的症状联系了起来。颈动脉负责向大脑输送血液，它变窄表示心血管等其他血管也受到了同样的损害。

据估计，美国每年有3万~6万人死于与被动吸烟有关的疾病。

当心，吸烟危害你的眼

吸烟对人体有很大的危害。吸烟能引起肺癌已是众所周知的事实了，你知道吗，吸烟还会危害你的眼睛。

烟毒性弱视，是吸烟对眼最常见的危害。弱视，就是矫正视力低于0.8。吸烟会导致弱视的原因，一方面因为吸烟时吸入的氧被消耗，致使血中氧的含量下降；而眼内的视网膜对缺氧难以耐受，长期如此会使视神经发生变性，视网膜乳头黄斑区发生萎缩。另一方面，烟草燃烧时产生的烟焦油会导致视神经中维生素 B_2（它是维持视神经正常功能必须的营养物质）含量下降，这两者共同的影响，使得吸烟者中心视力下降而发生弱视，严重者可导致失明。同时，吸烟还会导致白内障。据医学家调查，患白内障病者中有 20% 与长期吸烟有关。也有人观察到，每天吸烟 20 支以上的人与不吸烟者相比，患白内障的可能性要高 2 倍，且吸烟量越大，患白内障的可能性越大。白内障是眼球内晶状体的一种病变，它也是导致视力减退和失明的常见原因。另外，吸烟还会使眼压升高，视网膜中央血管发生栓塞、黄斑变性等等，危害实在不小。你想保持一双明亮的眼睛吗？

那就请你赶快戒烟。

女性吸烟危害更大

当今社会，女性吸烟已经成为值得注意的问题。

据有关资料显示，我国 3 亿烟民中，至少有 3000 万为成瘾的女性烟民，而且女性烟民以每年 10% 的快速度递增。在上海，女性吸烟者已达 5.6%。青年人中，100 个吸烟者就有 29 位是女性，她们中有离退休女工、女个体经营者、女经理、女厂长、女作家、女演员也有在校的女大学生。

一些女性把吸烟看作是现代女性风度和气质的流露和展示，认为吸烟如同时装、首饰一样，能增添几分优雅和魅力；一些女性为追求男女平等而吸烟，她们认为烟是处理人际关系不可缺少的物品，是人与人之间感情的润滑剂；一些在事业上或生活上遭受挫折的女性，为摆脱苦闷、孤独、痛苦而吸烟。希望能在烟雾中寻求一丝慰藉和解脱。也有一些女性因为工作而吸烟，她们多为脑力劳动者，借吸烟镇定情绪，活跃思维。

然而种种研究结果证实，女性吸烟危害健康的程度远甚于男性。女性吸烟非但不能维护自身魅力，反而是对容貌的一种自我毁灭，吸烟不仅导致女性皮肤干涩、粗糙、早衰，而且还会降低体内激素的分泌。芬兰北卡累利阿禁烟研究项目负责人指出，妇女抽烟不仅会影响受孕，而且还会使所产婴儿少150~200克，身长少6~8毫米，当孩子长到14岁时，与正常孩子的身高差距是1~2厘米。抽烟妇女生下的婴儿除脂肪组织发育正常外，其他组织发育均减缓。受尼古丁的影响，胎儿的心脏在母亲抽烟后半小时内每分钟多跳20~40次，但运输氧的能力却减弱。怀孕期间抽烟还容易使婴儿患过敏症，甚至使婴儿夭拆。女性吸烟易患喉癌、食道癌、乳腺癌、子宫癌、肺癌等疾病，其肺癌发病率是男性的4倍，成为威胁女性生命的最大"杀手"。据第九界国际抽烟与健康大会透露，全球每年有50万妇女因吸烟而死亡。

什么是吸烟危害病

吸烟危害病又称烟草相关病，是吸烟所致的以呼吸系统和心血管为主的慢性疾病的总称。

国内外对烟草的研究表明，烟草点燃后产生的烟雾中含有4000余种有毒有害化学成份，其中危害最大的有一氧化碳、尼古丁、烟焦油三种物质。烟雾中有40多种致癌物质、10多种癌症诱发物。吸烟者血中的尼古丁含量最高，被动吸烟者血中一氧化碳及硫氢酸浓度较高。吸烟者直接吸入呼吸道和肺内的烟雾只占总烟雾的10%左右，90%的烟雾弥散在周围造成空气污染，强迫不吸烟者被动吸烟。

吸烟时间的长短、剂量大小、个体差异，会产生性质不同的疾病。吸烟使人体的呼吸系统、心血管、胃肠、肝、肾及神经系统产生损害，吸入香烟后只需7秒钟就可以进入脑组织。吸烟危害病包括：支气管炎、肺气肿、肺癌、喉癌、口腔癌等各种癌症，冠心病、肺心病、脑卒中、溃疡病、妇女不孕、早产、死产、损伤视力，婴幼儿被动吸烟会损害智力影响发育等等。

从拒绝吸第一支烟做起

这是一场不寻常的"世界战争"，因为烟害正在全球蔓延。每天数以亿计的人在吞云吐雾；每年数百亿元的财富化为烟尘；数百万人死于烟害造成的疾病。

随着缕缕上升的烟雾，城市的天空变得灰蒙蒙。烟害，已远远超过交通事故、自然灾害，成为人类第一杀手！

青少年是人类的未来，在这场特殊的战争中，青少年所受的危害最大！

人类文明发祥地之一的埃及，在首都开罗的高架桥下，一群群少年在吸毒。而从小吸烟是这些青少年染上毒瘾的第一步。埃及吸烟的少年中，有65%以上的人成为吸毒者。

在美国，6870万18岁以下的青少年中，有1660万人已经或即将成为烟民。

在位丁美州的一些城市，青少年中烟民竟占一半。

而在中国，3亿多烟民中，1/3是青少年，仅中学生就达500多万。这是多么的触目惊心！

青少年吸烟行为探源

心理学家认为，青少年时期，是一个人生理、心理发育的特殊时期、青少年这一阶段的生理、心理特征，决定了他们最容易发生吸烟行为。

模仿是中小学生生理、心理发展过程的重要特征，周围的一切都是他们认知的参照物。他们看到父母在吸烟、教师在吸烟、影视镜头中的英雄也在吸烟，便自然产生了模仿行为，学着大人的样子吸上几口。

中小学生涉世不深、好奇心强，这是他们身心发育过程中另一个重要特征。你说吸烟有害，我偏要试试，一些学生不自觉地吸了第一口烟。

中小学生个性发展中，争强好胜，虚荣心强，从这一特征衍化而来的从众心理，是这一时期青少年的另一行为特征。一些中小学生，看到朋友吸烟，自己就与朋友比着吸起来。

青少年由于神经、心理发育尚不成熟，抗挫折的能力较弱，当学习生活遇到挫折，也有人借吸烟消愁解闷，赖以解脱。

尽管吸烟有百害而无一利，但不少青少年认为：吸烟得病，不吸烟也未必不得病。在青少年生活的空间里，无所不在的吸烟环境，实质上是一种无声的号召，广泛的社会影响又是青少年产生吸烟行为的重要诱因。

实际上，青少年吸烟是一种复杂的社会行为、是各种因素交织在一起共同作用的结果。只有认真分析、研究这些特点才能找到有效的解决办法，做到杜绝学生吸烟。而杜绝青少年吸第一支烟，又是青少年控烟工作的关键。

杜绝青少年吸第一支烟

杜绝青少年吸第一支烟，要从宣传入手，抓好家庭、学校、社会三个环节的教育，并要从"小"抓起。从孩子上幼儿园时起，就让他们树立起对香烟的抵御意识。

父母是孩子的第一任也是终身教师。要想让学生杜绝吸第一支烟，就必须尽可能地减少家庭因素在这方面的不良影响。要教育家长，为孩子提供一个清新的生活空间，吸烟要远离未成年的孩子。学校在开展教育活动中，要把禁烟教育列为重要内容，通过发家长信、举办讲座、办小型禁烟展览、放禁烟录像等形式，对家长进行控烟的宣传教育，也可通过"我劝父母或一名亲友不吸烟""争创无烟家庭"等活动，取得实际效果。

学校教育离不开教师,教师的言行举止不但对学生的感染力最强,而且影响每个学生的心灵,教师的吸烟行为会在学生中产生模仿效应。因此杜绝学生吸第一支烟,就必须加强教育者的示范作用。创建"无烟学校",是最有效的教育形式。由于是"无烟学校',校领导带头戒烟,教师自觉遵守不在学校吸烟的规定,各种禁烟规定健全。生活在这样环境中的学生,还有谁会主动地去吸第一支烟呢?

现代社会大众传媒、信息交流飞速发展,代之而来的影响已超过家庭、学校的影响。吸烟现象广泛存在,造成了青少年吸烟率居高不下。"敬烟"已成为社会交往的重要手段。而中小学生的伙伴效应,正是致使他们吸第一支烟的重要因素。学生们聚在一起、只要有一个学生拿出烟,便你一支,我一支地敬来递去。而一些学生随便吸上一口、便越过了禁区。对于这些现象,我们除了呼吁社会高度重视控烟工作外,还要发动社区力量,加强对青少年吸烟的监督、管理,烟摊不准向未成年人出售香烟,街道随时通报学生校外吸烟的信息,从而将青少年吸烟的空间大大压缩。只有全社会重视起来,青少年禁烟工作才能取得显著成效。

当前,中国的烟民已有3亿多人,比美国全国人口总合还要多,难怪西方烟草公司把中国视为"金矿",提出"我们要得到中国"的口号。多么可怕的坦诚,而他们的坦城正是我们的耻辱和悲哀。青少年朋友们要从西方的"坦诚"中悟出自强不息的民族精神,为了21世纪祖国的腾飞,打赢这场特殊的世界战争,从拒绝吸第一支烟开始,做不吸烟的新一代。

降低青少年、妇女吸烟率
——访第十届世界烟草或健康大会主席吴阶平

中国是烟草大国，烟草产量及销量均居世界首位。中国有烟民3亿多，占世界吸烟者总数的四分之一，中国的吸烟状况是严峻的。1997年第十届世界烟草或健康大会在中国北京举行，具有非常重要的意义。

近日，记者采访了全国人大常委会副委员长、第十届世界烟草或健康大会主席吴阶平。吴阶平说："如果中国的吸烟人数不下降，那世界的吸烟人数就不会降下来。"

记者了解到，世界卫生组织、国际抗癌联盟等国际组织为推动世界控制烟草活动，以不同主题定期组织的世界烟草或健康大会，是一项保障人类健康的重大国际活动，自1967年以来已成功地举办了9届大会，大会规模不断扩大，内容越来越广泛，推动了世界控烟运动的发展，为逐步实现无吸烟世界做出了积极的贡献。

吴阶平说："1993年9月，国务院批准我国申办第十届世界烟草或健康大会。1994年10月国际烟草或健康联络委员会举行投标会议，参加申办国有中国、芬兰、土耳其、葡萄牙。参加审评投票的有国际抗癌联盟、国际心脏病联盟、国际抗结核与呼吸病联合会、国际健康教育联盟以及历届烟草或健康大会主办国的代表们，中国以多数票获第十届世界烟草或健康大会主办权。"

在中国举办这次大会意义深远。目前，我国死亡率最高的前三位疾病均与烟草有关，如癌症、心脑血管疾病及呼吸系统疾病。如果这种状况继续下去，到2025年每年将有200万人死于与烟草有关的疾病。我国政府历来支持控制吸烟工作和提倡戒烟。

本届大会的目的是：敦促各国政府加速巴黎会议通过的《国际烟草

控制策略》和大会决议的实施等。本届大会主题是："烟草，不断蔓延的瘟疫"。本届大会还要提出可行的"行动纲领"，内容是：在世界范围内努力降低青少年、妇女吸烟率；制定方案通过联合国呼吁各国政府降低烟草产量；采取国际联合行动限制烟草广告；统一行动，禁止在公共场所吸烟，保护不吸烟者免受烟害的权利。

要做好控烟工作，迎接"十大"召开，吴阶平认为当务之急是大力提倡医务人员和教师戒烟。医务人员是宣传控烟的骨干，教师为人师表，他们的行为对群众和青少年有很大的影响。要禁止教师和医务人员在中小学校与医疗卫生单位内吸烟，中小学校应成为"无吸烟单位"。

控烟：人人有利　无人受害

——访美籍华人臧英年先生

听人介绍说，有位美籍华人特别热衷于控烟禁烟活动，并为此不知付出了多少心血，马不停蹄，奔走呼号，上到国家领导人，下到平民百姓，只要有机会，他就做推动工作，这人就是臧英年先生。臧先生于1967年到美国西雅图市定居，就职于华盛顿社区学院，曾任美国华盛顿州促进美中关系正常化委员会会长、全美华人协会文化委员会主席、全美华人协会西雅图分会会长。

走进臧先生的寓所，立刻就感受到了禁烟的气氛。门口贴着"屋内请不要吸烟"的字条。在会客室里，还订有《无烟家庭信条》："一、无烟家庭是幸福家庭；二、本家庭无人吸烟；三、家中不备烟、不敬烟；四、登门者不得吸烟；五、奉劝吸烟亲友早日戒烟。"

"你问我为什么热心控烟活动吗？我讲件事你就知道了。"英年先生说，1992年的一天，他的哥哥来看他，当时谈得很开心，精神也很好，没想到第二天就去世了。后来了解到，第二天他哥哥家去了很多朋

友,烟抽得很凶,弄得满屋烟雾腾腾,使他哥哥的肺气肿病复发,连夜送医院抢救,病人连一句话都说不出来。"我哥哥原是老北大毕业生,他是我们家里人书读得最好的一个,却被香烟害死了,多么可惜。"

英年先生说,吸烟不但对身体健康有害,而且毒化社会风气。如今许多人托人办事都"烟酒先行"。所以,他对吸烟深恶痛绝。

英年先生每次乘出租汽车,一定坐在司机旁边,知道他吸烟,就劝他戒烟,并提供方法。在飞机场候机室,在禁烟火车上,他一定客气而严正地请犯规吸烟者灭掉香烟。有一次,英年先生从山东乘夜车返京。登车前就向该节车厢服务员和列车长说明,要严格执行禁烟规定。他们答复:"乘客素质差,管不胜管。"英年先生认为坚决执行规定就有效果。在他的坚持下,由列车乘警在车厢两头各收了一位吸烟者的罚款。

英年先生说,要想彻底消除烟害,提高全民体质,改善社会风气,还应采取一些措施,他建议:

由国家最高领导阶层出面,号召海内外工商界人士大力捐献控烟活动基金。以资金和人力、计划结合,充分发挥控烟工作的力量。

全国妇联和共青团等组织应大力展开控烟活动,以抑制妇女和青少年吸烟率日增的趋势。在中小学课程里列入控烟、拒吸烟内容。

英年先生说,真正戒烟并不难。控烟这个活动也是全民都可以参与的活动,且做起来对人人都有利,而无人受害。他希望大家都来做一点力所能及的事。

控制青少年吸烟刻不容缓

18岁的林毅少年英俊聪明健壮。1995年初夏,学校跑来一个同学说:"林毅忽然昏迷送进医院了。"等林刚强夫妇跑到医院,他已永远离开人世。经诊断,林毅死于尼古丁中毒诱使心脏猝死。夫妇俩如梦方醒：儿子是个已有数年烟龄的烟民！他们在悲痛中惊呆了。

近期卫生部组医抽样调查，大学、高中和初中男生中，吸烟的比例分别达到46%、45%和34%；在中国3.5亿烟民中，未成年的吸烟者约有500多万；成年烟民中，有75%的人在15~24岁这一龄段开始吸烟。专家预测，如果不采取干预措施，到2000年中国的大、高、初中男生吸烟率将分别达到68%、59%和54%，现在中国4亿20岁以下的儿童、青少年中，约有2亿可能染上吸烟恶习，这个数字等于两次世界大战死亡人数的总和。控制青少年吸烟，已到刻不容缓的时候。

国家有关部门非常关注青少年吸烟问题，通过相应法律禁止人们在中小学、幼儿园、托儿所的教室、寝室、活动室和其他未成年人集中活动的室内吸烟。

学校也将"不吸烟"的要求列入学生日常规范，让孩子远离烟草危害，但仅靠这些是不够的，必须全社会共同努力禁烟，孩子们才能不再面对香烟的诱惑，以致蒙上烟雾。

一支烟要多少空气稀释

吸烟是污染人们日常生活、活动场所空气的罪魁祸首。它产生的污染物质有粉尘、一氧化碳、氮氧化合物、碳氢化合物、丙烯醛、酮类和氨等。这些有害物质都大大超过卫生标准。

这些污染物中最危险的是一氧化碳。在一般建筑环境卫生条件下，一氧化碳浓度应低于9×10^{-6}，根据这个值，每支烟要求的稀释新风量为9立方米。丙烯酮是一种有毒的催泪剂，它的8小时接触允许最高浓度不应超过0.1×10^{-6}，每支烟要求稀释的新风量至少要增加3立方米。

吸烟所产生的粉尘绝大部分是可吸入性的。根据每支烟的散发量，它需要的稀释新风量为3.5~5.5立方米，才能满足室内环境要求。

所以，专家建议，对于普通人，每支烟需 20 立万米的稀释空气量才能得到满意的结果，但是考虑到 98% 以上的人的健康，每支烟所需的稀释空气量则应为 40 立方米。

禁止吸烟　纯洁校园

——北京市中小学"无烟学校"向全国发出倡议

1991 年 6 月，北京市教育局和共青团北京市委联合发布"关于禁止中小学生吸烟的几点意见"，要求全市各中小学校采取坚决措施禁止学生吸烟，并开展了"师生齐努力，共创无烟学校"的教育活动。"无烟学校"即"中小学生不吸烟，教职工不在校内吸烟"。经过几年努力，北京市已有 41 所中小学校建成"无烟学校"。

北京市中小学"无烟学校"日前向全国中小学校发出倡议：

一、在全国各中小学校中，广泛开展争创"无烟学校"的教育活动。各级教育行政部门，各中小学校领导要十分重视这项工作，通过认真工作，使更多的中小学成为"无烟学校"。

二、所有中小学生都要自觉遵守《中小学生日常行为规范》的要求，坚决做到不吸烟，为创造一个良好的学习环境贡献自己的一份力量。已沾染上吸烟毛病的学生，要爱护自己爱护别人，要认识到吸烟的危害性，立即戒烟。

三、希望为人师表的园丁们，在禁止青少年吸烟的工作中，以身作则，做到少吸烟，不吸烟。刚参加工作的年轻教师，更不要吸烟。

四、希望各级政府能尽快制定禁止青少年吸烟的法规，严格限制 18 岁以下的青少年吸烟。同时在公共场所设立无烟区，禁止吸烟，社会都来监督中小学生禁烟。

五、希望影视、广播、报刊等宣传舆论部门要加强对吸烟危害的劝导和戒烟的宣传，造成一个全社会禁止中小学生吸烟的教育氛围。

孩子们，请远离烟草
——访北医大公共卫生学院教授朱锡莹

"照顾好孩子们，香烟会杀害他们，我就是一个活生生的例子。""西部牛仔"麦克拉伦为万宝路香烟做了一辈子广告，临终前留下这遗言。这位世界闻名的香烟模特死了，他死于肺癌。朱锡莹在谈到此事时对笔者说："我们要让中国的青少年知道这件事，引以为戒。"

目前我国青少年吸烟率呈上升趋势。据有关资料表明，我国青少年初始吸烟的年龄为10岁左右；90.14%的吸烟者在20岁以前就开始吸烟；有3000万女吸烟者，年龄多在35岁以下。

烟草为什么对青少年有如此大的诱惑？怎样做才能降低青少年吸烟率？请我们听一听朱锡莹的见解。朱教授从1988年开始，对一个特殊的群体——医学生进行控烟教育，提出了行之有效的"以人际传播为主的团体吸烟行为干预法"即"超越5天戒烟法"，在学生中引起反响，收到较好的效果，并获部（委）级科技进步三等奖。

朱教授认为青少年吸烟行为主要受其社会心理因素的影响。电视、电影中的某些人物吸烟，在一些青少年看来是智慧、谋略、老练、深沉的标志，是潇洒、有派，被当成是一种"风度"，于是开始模仿，由此步入"歧途"。引发年轻人吸烟的另一个重要原因是同学朋友间的相互影响。朱教授在对北京医科大学、北京师范大学、北京科技大学等学校的调查中发现，随着年龄的增长，首次吸烟场合为家庭的比例减少，而学校、聚会、宿舍等场合开始吸第一支烟的增多。开始吸第一支烟是不好意思拒绝同学、朋友的"好意"。这样下去使本来不会吸烟或少吸烟的学生在频频接受别人香烟的同时，也买来烟回敬，于是在"礼让"

之间,香烟的毒害就不断地传播扩散开来。

朱教授说,这种现象很普遍。因此有必要在新生入学时,就开展控烟教育,防患于未然,不要吸第一支烟,不要有恶性循环的开端。

朱教授分析青少年吸烟的心态时说,他们有的是以此显示成熟,有的是为了社会应酬,有的纯粹是消遣,追时髦,也有的是想以此解忧消愁。

青少年处于身体生长发育阶段,对有害物质的抵抗力较弱,较之成年人,更易受到烟雾中有害物质的侵害。青少年也处在心理发育期,人生观、世界观尚不成熟,容易把一些不好的行为当成时髦。一些青少年因为没有经济来源而偷拿父母的钱,进而发展到犯罪,这些问题也不是个别现象。

朱锡莹教授强调,控制吸烟教育必须从小抓起,全社会都来禁止青少年吸烟。

禁烟,大学生在行动

"男孩的潇洒不以烟酒来表现,正如女孩的漂亮不靠胭脂来装扮"。前不久宁夏大学的女学生们以一种别致的方式规劝男同学戒烟戒酒,她们将精心"炮制"的这些妙语奉献给校园里的同学们。

据有关部门对全国部分高校学生吸烟情况的调查,大学生中经常吸烟者占学生总数的34.5%,偶尔吸烟者占25%。有的学生因吸烟而影响了身体健康,还有的学生因没钱买烟而走上盗窃犯罪道路。吸烟在校园已成一公害,为此,一些大学纷纷开展禁烟活动。

北京体育大学在校园里树起禁烟禁酒告示牌,规定大学生不许在校园内酗酒吸烟。济南大学向全校师生发出一道"禁烟令",将在一年内实现全面禁烟,这道禁烟令提出,第一步是在会议室、俱乐部、餐厅、实验中心、学生宿舍、教室等公共场所禁烟；第二步是在全校的办公室禁烟；到今年底，在全校杜绝吸烟现象。

最近，吉林大学、吉林工业大学、东北师范大学、长春地质学院和白求恩医科大学联合发起了《在全市大学生中开展禁烟活动的倡议》。《倡议》提请大学生充分认识吸烟的危害性，希望学生们在寝室、食堂、教室、图书馆等公共场所不吸烟。共青团长春市委、长春市委高教部就此召开座谈会，部署全市高校禁烟活动。长春市委高教部建议禁烟要从学校各级领导做起，从教师做起，对大学生吸烟要有检查和处罚措施，并要求把这项活动和学生奖学金、助学金及三好学生评选挂钩。

科学准确地宣传吸烟的害处

吸烟对人体有害。人类对烟草的这一认识始于50年代。1954年英国皇家医学院第一次发表了吸烟有害健康的报告，并将吸烟与致癌联系起来，从而引起各国医学界和各方面人士的关注。1962年英国皇家内科学会又一次发表了"吸烟是导致肺癌的主要原因"的证据和"吸烟是最可能使全世界肺癌增加的主要原因"的报告。最近几年，一些科学家经过验证，证明吸烟不仅是导致肺癌的主要原因，而且可以导致许多癌症和多种疾病。与此同时，世界各国群众性的反吸烟组织也相继产生，开展反吸烟活动。

中国反吸烟活动开展于70年代，1987年北京在全国率先成立了戒烟协会，1992年，全国性的反吸烟群众组织"中国吸烟与健康协会"

成立。此后全国相继成立了28个省级协会。这些反吸烟组织的建立，推动了我国反吸烟活动的开展。广大群众（包括吸烟者）普遍认识到吸烟有害，一些吸烟者特别是老年人和科学文化水平较高的人戒了烟。

但令人不能满意的是，目前不仅还有更多的吸烟者没有戒烟，而且新的烟民仍在不断增加。1984年中央爱委会和卫生部对51万人进行抽样调查的结果显示：15岁以上成人吸烟率为33.8%。卫生部1991年的调查表明：在15岁至24岁的青年人里，吸烟者比1984年上升了10%。国家统计局城乡抽样调查总队和中国卷烟销售公司1986年对183个城市、356个县、202万户城市家庭和2.9万户农村家庭，共计22万人抽样调查结果显示：吸烟人数为5.07万人（包括偶尔吸烟者），占被调查人数的23.33%。就是说，我国每5个人中就有1个吸烟者。以此推算，我国总的吸烟人数大约为2.8亿人。最近几年对总的吸烟率，虽无精确调查和抽样调查，但从我国卷烟产销量来看，我国的总吸烟率比1986年不是下降而是增加了。1981年，全国卷烟总产量是1704万箱，1986年达到2584万箱，1995年则为3472万箱（尚不包括走私烟和地下烟厂生产的假烟）。吸烟的个人消费量一般不会有很大变化，总消费量增加就意味着吸烟人群在扩大。由此可见，如何使我国的吸烟率降下来，任务是很艰巨的。

笔者认为，当前的关键是对吸烟有害的宣传要科学准确。人们对吸烟有害身体健康的说法已无异议，但对有害到什么程度，认识就不完全一致了。当前有许多实际情况与反吸烟组织宣传的情况并不完全一样，一些矛盾的现象没有得到有力的解释，使不少吸烟者戒烟不坚决，一部分人还产生了逆反心理，不利于戒烟工作的开展。吸烟对人体有害已是无可争议的事实，应该大力提倡不吸烟、禁止在一些公共场所吸烟，最终实现全社会杜绝吸烟的目标。应以科学的、准确的解释使众多吸烟者认识到吸烟的害处，自觉地戒掉吸烟习惯。

另外，教师、医生等对公众有直接影响的人应该带头不吸烟。据调查，目前中小学教师的吸烟率是28.36%，其中男性为50.09%；医生的总吸烟率是29.5%，其中男性为56.7%。吸烟率是比较高的。教师应为人师表，医生是保护人们健康的，如果自己也吸烟，又怎样教育学生、教育公众不吸烟呢？

香烟中新的有害物质

人家对烟草中含有尼古丁、焦油、亚焦氨和砷可能有所知晓，但是对二噁英这种化学物质可能闻所未闻。日本研究人员调查表明，日本、中国及欧美各国的烟草在生长过程中均受到二噁英污染。日本专家松枝隆彦提出，在换气条件不良的室内吸烟，将会导致二噁英浓度增加。

二噁英是一组含氯有机物的总称，它是毒性仅次于钚的剧毒物质，0.1毫克二噁英可以毒死一只豚鼠。它使人患肺癌、肝癌的可能性比多氯联苯大1万倍，另外还能危害人体的生殖系统和免疫系统。二噁英可以通过除草剂、垃圾焚化炉的废气以及各种工业的含氯废水污染生长中的烟草。

日本研究者发现，被检测的20种香烟中都含有二噁英，其中英国香烟中含量最高，平均每盒13.8皮可克（1皮可为1兆分之一）；日本香烟为6.1皮可克；中国香烟为1.8皮可克。

美国环保局1994年规定，人体每日摄取二噁英最高容许量，以体重计算每千克不超过0.01皮可克。据计算，抽一盒日本香烟，二噁英吸入量为2.44皮可克，在排风不利的条件下，被动吸烟者每人吸入量为0.5皮可克左右。

吸烟危害多

我认为吸烟的危害有三：

"烧"掉巨额人民币。时下低档烟每包多在一元以上，中档四五元，高档10元上下。以每个"烟民"一年平均"烧"掉500元这个低基数计算，全国近3亿"烟民"，一年要耗费1500亿元。这笔巨款倘若用于支援"希望工程"，不仅可以建造数以万计的"希望小学"，而且可以帮助千千万万个因家庭贫困而失学的学龄儿童重返校园。

"烧"死众多瘾君子。吸烟有害人体健康，这已是句"老话"了，就连许多香烟盒上也清清楚楚地印着"吸烟有害健康"的字样。然而，迄今为止，多数人是明知烟有害，偏爱把烟吸。其中不少人因长年累月大量吸烟而深度中"毒"，由"烟民"成了"烟鬼"。据世界卫生组织（WHO）一名高级官员透露：到2025年，全世界因吸烟而死亡的人数将达到1000万，其中发展中国家700万，中国占200万。

带来诸多负效应。香烟在给"烟民"带来短暂的舒服、给国家增加一笔税收的同时，给社会带来许多的负面效应。且不说增加了医药费开支，影响了国民生产力，引诱青少年失足，引发火灾、污染环境等种种弊端，单就对社会风气的消极影响而言，其危害也不可低估。因为"烟酒不分家"，许多人便以此为借口，以名烟为"炸药包"，以名酒为"手榴弹"，打开一个个"突破口"，进而腐蚀干部队伍，实现其个人目的。

权衡利弊，综合比较，香烟不论是对"烟民"个人，对无数个家庭，还是对国家而言，都是得不偿失的。

再谈烟之危害

吸烟危害健康，几乎尽人皆知。但由于对其危害的严重性认识不清，仍有许多人对其推崇备至，做为茶余饭后消遣的上等佳品，在此只想告诫烟民，您在吞云吐雾的享乐之中，已不知不觉将烟草中诸多有害物质吸入体内。

科学家们对吸烟时所产生的烟雾进行了大量的分析与研究发现，烟草燃烧时释放的烟雾中有3800多种化学物质。其对人体造成的危害之重，是吸烟者所始料不及的，烟中的尼古丁是主要成瘾源。吸烟时，尼古丁只需7.5秒便可达到大脑，使吸烟者感到轻松愉快。然而，其毒性究竟有多大，经科学实验证明，1支烟中含尼古丁1.5~3毫克，可毒死1只小白鼠；40~60毫克的尼古丁可毒死一个人。尼古丁可引起胃痛、胃癌、胃炎等各种胃病；可使血压升高、心律不齐，诱发冠状动脉痉挛而导致心肌供血不足，引起心绞痛、心梗等；它损害支气管黏膜而引起支气管炎、哮喘，损害脑细胞而出现中枢神经系统症状，并可促进喉、食管、胃、肺、肝等多种癌症的发生。

香烟中另一种主要有害成分为一氧化碳，它与血红蛋白的亲和力比氧高250倍。当吸烟者吸入较多一氧化碳时，其与血红蛋白结合便形成碳合血红蛋白，而使氧合血红蛋白大大减少。正常人体内碳合血红蛋白的浓度约0.5%，而吸烟者可达15%~20%，换言之，有15%~20%的血红蛋白已丧失了输送氧气的能力，造成组织器官严重缺氧，进而使大脑、心脏损伤，这也是长期吸烟者口唇青紫，脸色暗晦的原因。因此，吸烟的女士，花再多的美容费也不能使其肌肤保持润白亮丽。

吸烟时还可产生大量烟焦油，这是一种含有多种致癌物和促癌物的成分。尸体解剖发现，不吸烟者肺组织为粉红或鲜红，而吸烟者肺呈黑

色且弹性极差，其气管腔内有大量褐色烟油，严重损害人体呼吸功能。一包香烟燃烧时还产生 0.24～0.28 微克苯丙芘，这是一种强致癌物。烟雾中还含有铝 210 和钋 201 两种放射性元素。据统计：一个每天吸 20 支烟的人，1 年吸入的放射性元素辐射量，相当于 1 年拍 300 次 X 射线胸片。诚然，香烟不是砒霜、不是鸩酒、不是敌敌畏，它不会立即置人于死地，但它在一点点地吞噬你的机体。

如果说，吸烟者乃自愿主动吸入上述各种有毒物质，那么，生活在其周围的亲友、同事则是在被动和极不情愿的情况下受到吸烟者所释放的毒性物质的迫害与株连。据统计，中国有 4 亿多被动吸烟者。在办公室内吸一支烟，要散发出 2000 多毫升烟雾，其中含 369 毫升一氧化碳，3000 多种有害物质，致癌物 40 多种，促癌物 10 多种。不吸烟的成人、儿童、甚至胎儿被动吸烟后，这些有害成份可在其血液、尿液及唾液中出现，并同样可引起吸烟者常见的病症。科学家对 40 岁以上 91540 名不吸烟的家庭妇女肺癌发病情况随访发现，丈夫不吸烟者，其发生肺癌的相对危险率为 1；中等量吸烟者，相对危险率为 1.6，而丈夫重度吸烟者，其妻肺癌发生的相对危险率为 2.08。同一个、二个、三个吸烟者共同生活，其患癌症的机会增加 1.4 倍、2.3 倍、2.6 倍，患白血病的机会高 6.8 倍。

当今世界，许多国家都制订了控烟的法律法规。在这些国家公共场所吸烟已在绝对禁止之列。1995 年北京市人大通过了禁止在公共场所吸烟的议案，这是消除烟害，净化生活环境，提高人口素质的一大重要举措。

烟草，给人类带来什么

英国卷烟公司推出一种"死亡牌"香烟，烟盒商标上的骷髅令人生畏，他们直言不讳地说："我们卖的就是死亡。"

尽管"要烟草还是要健康"这句格言早已家喻户晓，但很少有人为此而戒烟，还不断有新的吸烟者加入。目前，我国已有吸烟者3亿多，其中未成年人占500多万。

烟草到底给人类带来了什么？

烟草给人类带来了灾难：

因吸烟而引起的火灾令人触目惊心。1987年5月6日那场烧痛了中国、震惊了世界的大兴安岭特大森林火灾，就是因吸烟、违章作业导致的。1994年11月27日，辽宁阜新新艺苑舞厅特大火灾，起因是几个中学生在舞厅包房内用报纸引火点烟，据统计，吸烟造成的直接损失和间接损失早已超过了烟草创造的税利。上海1993年全市烟草税利为11.9亿元，巧的是1988年上海居民因吸烟造成的经济损失同样达到11.9亿元。据美国统计，1美元香烟税利，政府及家庭将付出6美元医疗损失费。我们不能简单地把这看成是烟害经济损失"吃"掉烟税。吸烟所造成的恶性循环和社会不良效应，是无法用经济账来衡量的。

烟草给人类带来了疾病：

中国预防医学科学院一份报告中指出：烟草中的致癌物质有40余种，促癌物质有10余种。所有疾病的病因大约20%与吸烟有关，每10个死亡病人中就有1人是由吸烟引起的。我国城乡居民疾病死亡原因前4位：癌症、中风、心脏病、呼吸系统疾病都与吸烟有密切关系。

烟草给青少年带来"罪孽"：

青少年处于身体发育阶段和读书学习的黄金时期，吸烟除损害他们健康外，还导致少年犯罪。为过烟瘾铤而走险，从一支烟走向犯罪的例子并不罕见。

禁烟！禁烟！禁烟！人们在呼唤！生命在呼唤！中国和未来在呼唤！

妇女吸烟的十大危害

①减少受孕的可能性，且会引起月经失调。

②与不吸烟妇女相比，易早产，易流产。

③怀孕过程中,体重增长较少。
④怀孕的吸烟母亲容易贫血。
⑤吸烟母亲的奶量减少。
⑥新生儿身长较短,头较小,体重轻。
⑦新生儿的死亡率较高。
婴儿"尼古丁中毒";易呕吐、腹泻。
⑨婴儿易患呼吸道疾病。
⑩吸烟母亲的孩子在11岁前,身体和智力的发育都比其他孩子差。

给吸烟者算两笔账

据统计,现在世界上每年200～250万人,由于吸烟而过早死亡,其中1/3死于与吸烟有关的癌症;3/4死于与吸烟有关的慢性支气管炎肺气肿;1/4死于与吸烟有关的冠心病。世界上每年有66万肺癌患者,90%乃吸烟所致。

我国现状如何呢?据今年统计,人口近12亿,烟民达3亿。预测5年内将大幅度增长。更让人惊讶的是青少年吸烟近年呈升高趋势,有的中学男生吸烟率高达40%。据最近有关专家推算:按照我国目前吸烟状况,20岁以下年龄的人,有5000万最终将死于吸烟。到2025年,每年因吸烟死亡人数将由现在的10万增加到每年200万。这对我们民族来说不能不是个潜在的灾难!这是第一笔账。

1992年10月,卫生部长陈敏章在第三届吸烟与健康研讨会上说,国外很多人对我国两大问题非常关注,一是青少年吸烟状况,二是爱滋病的发展蔓延。这都是人命关天的大事,关系到中华民族人口素质,不能不引起各有关部门的高度重视,采取有效措施进行综合治理。

有人说吸烟是爱国的表现。不错,国家每年确实从吸烟者手中回收一部分消费基金，使国家增加财政收入，烟税成为最大税源之一，殊不知因吸烟者造成的经济损失却大大超过了这笔收入。请看由中国预防医学科学院主持进行的《中国吸烟原因死亡与经济损失的评价》这一科研结果：

1989年，我国居民因吸烟造成的经济损失达279.67亿元。其中因吸烟致病导致劳动力丧失损失25.81亿元；早逝导致劳动力丧失损失175.59亿元；由吸烟导致的重大火灾损失0.36亿元；被动吸烟导致主要的经济损失8.91亿元，而当年我国获烟草税收为240亿元。这是第二笔账。以上的两笔账请吸烟者深思！

一个美丽的圈套
——写给烟民们

人类对于吸烟的危害有着越来越深刻的揭示，戒烟的社会舆论日渐高涨。然而，却有许多人不想戒烟，还不断有人成为新的烟民。吸烟的理由似乎很多，但其中"吸烟益于心理健康"似乎是烟民们最为得意的一条。

可以说，"吸烟益于心理健康"是个极易诱惑人的美丽圈套。在繁忙的工作之余吸上一支烟，或许能感觉疲劳减轻；也有一些人有过"饭后一支烟，赛过活神仙"的惬意感觉。于是，许多人甚至一些名人也自觉不自觉地钻进去。我们应该清楚地看到，这是要以损害身体健康为代价的，短暂的惬意掩藏着久远的祸害和痛苦。

当今社会，生活节奏是很快，看看书、谈谈话、散散步、听听音乐、暂时变换工作种类或工作方式等等，都是减轻疲劳调节紧张生活的有益无害的方法，何必偏偏选择这有损健康的吸烟呢？吸烟将使生命如燃着的烟儿一般加速缩短。

生命无价。生命是创造一切的根本。明确了吸烟有百弊无一利的道理。就应彻底戒烟不留余地，若烟瘾根深蒂固，请服用戒烟药三味：信心、勇气、毅力！

戒烟还你健康的心脏和大脑

吸烟，是目前公认的诱发心脑血管病的高危因素。有关专家研究发现：吸烟20年以上，每天吸烟20支以上的人，冠心病发生率是不吸烟者的4倍，中风为3倍，心肌梗死为3.6倍，冠心病猝死者约有62％与吸烟有关。

香烟中的尼古丁、烟碱、一氧化碳等有害物质，可毒害血管壁，促使脂类物质在血管壁沉积，造成和加重动脉硬化；烟毒可刺激性地引起血液中红细胞和血小板增多，使血液粘稠度增加，血流缓慢，造成微小血栓的形成而堵塞部分心脑组织中的微小血管；烟毒还可刺激血管壁，使血管痉挛，血压升高而造成局部心脑组织的缺血缺氧等。

专家告诫人们：戒烟后，受损的血管可逐渐自行修复，血管硬化水平可日渐减轻，戒得越早，血管修复的效果越好，心脑血管病的发生率则可大为降低。戒烟2年后，与相同吸烟者相比，发病率可下降50％，戒烟5年以上，心脑血管病的发病率可降到与不曾吸烟者相似。戒烟并不难，关键靠自己，只要下决心同香烟绝缘，就一定能彻底戒掉。戒烟吧，消除烟毒对心脑血管的危害，还你一个健康的心脏和大脑。

国外戒烟和控烟运动

哥伦布,492年发现了美洲新大陆,也带回了"魔叶"烟草。从此,人类就又多了一个现实和理智的矛盾:谁都知道抽烟危害健康和环境,但至今全球卷烟市场仍然年增2%。

吸烟最初只是上流社会的一种时髦,卷烟150年前在英国问世,借助现代大规模生产,它成为平民的一大嗜好,成为地球人的一个醒目标志。然而,很快医生们就怀疑烟草的焦油和尼古丁危害健康,继而又发现,吸烟会诱发一系列疾病。

然而,医生的呼吁在社会习俗和经济因素面前显得极其微弱,人类戒除这个习惯要依靠社会力量。因此1951年在荷兰举行了首次世界香烟会议。英国皇家学会1954年提出声讨香烟的报告。1964年,瑞典率先制定了烟草法,国家拨款支持反烟协会,设立戒烟诊所。美国国会1968年通过了"控制吸烟法"。挪威1967年提出全国戒烟规划。法国1976年制定了反烟法令。

反对吸烟者还呼吁有不吸"二手烟"的自由。于是,越来越多的国家颁布公共场所禁烟令。其中最敏感的是公共场所的范围。德国、加拿大等国禁止办公室内吸烟,司机可拒载车内吸烟者。比利时对违令者最高罚款500美元。然而,控烟运动也阻力重重。纽约餐馆去年禁烟,烟民宁愿去临近州的餐馆吞云吐雾,绝大部分饭店收入下降,多的降30%。加拿大温哥华餐饮业禁烟,年收入减少1亿多美元,失业增加5%。克林顿总统要政府制定更严格的控烟法,使20世纪末小烟民减少一半。然而,几十位议员反对此举。认为议会的控烟法令已足够严格,政府不应再多干预个人生活。尽管如此,西方国家控烟运动成效显著,吸烟、敬烟会干涉别人自由的意识很普通,抽烟要征得对方同意,不再敬烟。

美国是世界最大香烟生产国，戒烟运动声势浩大，烟质量和广告法规极严格。全球最大烟厂菲利普莫利斯首当其冲，遭各种索赔达44亿美元，集团虽然几乎全胜诉，但因此对烟草质量和品牌宣传更加小心。专家认为，烟害不是一个简单的社会问题，人类禁烟是一个提高文化知识和经济水平的长期过程。市场需求决定烟厂命运，即便你不生产香烟，也必然另有人生产它。每年500多亿美元烟税也是美国重要财源。

对香烟生产，烟厂首先保证最佳质量，其次尽可能减少危害。现在，低焦油低尼古丁的清淡烟格外受欢迎。菲利普莫利斯4个烟厂去年收入约290亿美元，占集团总收入的44%，占全球香烟市场的12%。它生产140多种烟。头牌万宝路本是英国地名，开始是坤烟，销路不佳。后来改弦更张，配以西部牛仔广告，依靠严格的质量管理，到70年代跃为全球头号烟，年销售额180亿美元。

香烟广告约占全球广告额的10%，对此，烟厂专家认为，关键在于适度限制，既不至于扩大烟民队伍，又不影响社会活动赞助。调查表明，99%的烟民都知道吸烟有害健康，烟广告对不抽烟者的影响几乎为零，只对烟民选择品牌起作用。烟厂职工尽管每周可免费领取一条烟，但烟厂烟民并不因此而多，和美国社会的抽烟率一样为25%。香港烟广告较宽松，烟税极低，然而吸烟率反而下降，现仅16%。

专家们在研究如何把这种逆反现象用于控烟。他们认为假烟对健康和经济的危害更大。菲利晋莫利斯去年提出严格控制青少年吸烟的"3A行动"，禁止售烟给青少年、取消自动售烟机、取消邮购和赠样品烟、父母教师等尽量少在孩子面前抽烟等10项措施，得到社会的积极反响。

棍棒教育能使孩子扔掉香烟

人们看到成年人吸烟并不觉得有什么大逆不道，但如果看到自己的孩子在吸烟，马上就会勃然大怒，甚至棍棒相加。这种棍棒教育能使孩子扔掉手中的香烟吗？请看一看这位中学生的内心独白吧。

某重点中学的高二学生李某，一向活泼开朗，但不知是长大了、成熟了，还是功课太紧张，父母发现儿子慢慢变得沉默寡言。在一次清理房间时，母亲发现了他写的日记："书本和作业垄断了生活的全部内容，学校和家庭像只鸟笼，桎梏了多梦的年华和美好的希冀。在单调苦闷的学习生活里，香烟才是忠实的伙伴，忧郁时点上一支，好像有知心朋友伴着，我向'他'倾述和宣泄，心里感到平衡和满足。"

青少年吸烟的原因有各种各样。归纳起来大体有以下几种："成人感"，随年龄的增长一些青少年出现了"成人感"，认为自己已经走出了"孩子"的行列，学会吸烟才具有"风度"，显示气派；"压抑感"，有的青少年由于学习的压力，感到负担过重，孤独寂寞，错把香烟当成忠实的伙伴，宣泄排解心中的烦闷；"新鲜感"，有的青少年看到别人吸烟，心中产生好奇、羡慕的心理，不顾吸烟的危害，不想后果盲目效仿。

帮助青少年克服吸烟嗜好，首先应以心平气和的态度来解决，让他们充分认识吸烟的危害。动之以情，晓之以理，不要打骂、指责或粗暴训斥，而要用爱心、耐心、关心的态度对待他们，照顾他们，使他们自觉认识抵制烟草。其次，应分析使青少年吸烟的直接原因，对症下药。例如由学习紧张引起，应从改善学习方法，掌握学习规律，培养学习兴趣方面着手，拓展知识领域。戒除吸烟的习惯要有毅力，青少年吸烟未必就会成瘾，家长要让孩子树立信心，把克服吸烟和个人修养、社会公

德联系在一起,可通过看科教片、读书、研讨的形式,加深对吸烟危害的认识,使青少年养成良好的卫生行为习惯。家庭应为孩子创造良好的生活环境,让孩子感到轻松愉快,为孩子们安排好健康的娱乐活动。

控烟歌谣

青少年,岁数小。学抽烟,损身脑。
坏习惯,要除掉。利健康,人称好。
幼嗜烟,人嗤笑。讲文明,懂礼貌。
比贡献,争创造。拒腐蚀,呈英豪。

肺的自述

我的名字叫左肺,主人吸烟我受罪。
日积月累成烟箱,致使功能直衰退。
我的名字叫右肺,提起吸烟流眼泪。
如果这样再下去,生命休矣莫后悔。

控烟三字歌

说烟草，源吕宋，大明时，始人中，自明朝，
传到清，经民国，到如今，四百年，害不轻。
烟之害，害自身，含焦油，尼古丁，自得间，
百病生，误工作，废农耕，求长寿，万不能。
烟之害，害他人，好朋友，好亲朋，被动吸，
害处增，空间小，烟蒙蒙，不生病，怎能行。
现代人，消费增，经济账，要算清，钱变烟，
空中升，一缕缕，化清风，不受穷，理不通。
全社会，都行动，学生辈，做先锋，学吸烟，
不潇洒，美与丑，分辨清，好习惯，早养成。
我中华，把烟控，强体质，重品行，素质强。
功夫硬，搞建设，乘东风，跨世纪，奔前程。

请听戒烟歌

抽烟害处多，戒烟由来已久。在繁多的戒烟措施中，既有戒烟歌又有戒烟联。

在南京市第二历史档案馆里，藏有一本《共和国民唱歌集》，这是1912年初，由上海商务印书馆出版的。在这本收录了20首爱国歌曲的歌集中，有一首《戒纸烟》，是由华航琛填词作曲的。这首我国最早的

戒烟歌的歌词是:

纸烟纸烟,害人不浅,

精神脑筋损伤胜鸦片。

劝同胞快快戒吸纸卷烟。

纸烟不吸名誉保全,谁人敢轻贱?

著名将领冯玉祥1946年赴美考察水利。在一次会议中,腾腾烟雾把冯将军熏得头昏脑胀,于是他提笔写了这样一首打油诗:

大会礼堂,又熏又臭,又臭又熏。

既熏且臭,既臭又熏,熏而又臭。

熏熏臭臭,臭臭熏熏;

亦熏亦臭,亦臭亦熏。

解放后,为宣传戒烟,由瞿琮、任举红作词,毕庶勤作曲,创作了一首颇有影响的《戒烟歌》,歌词大意是:

叫声哎哎!同志哥,哦!你请听我说:抽烟的害处,买呀,实在多。是的么!尼古丁,最有毒,引起癌症了不得,你花钱来害自己,身体受折磨。伊儿呀儿哟,伊儿哓儿哟,你何苦来哟!同志哥,我的同志哥!……

近年,台湾的防高血压协会和社会祥和基金会,积极宣传戒烟,制作了一批戒烟宣传卡片,上面即有一首《钗头凤》,很富哲理。词曰:

本国烟,外国烟,成瘾苦海都无边。

前人唱,后人和,饭后一支,神仙生活。

错,错,错!

烟如旧,人苦透,咳嗽气喘罪受够。

喜乐少,愁苦多,一朝上瘾,终身枷锁。

莫,莫,莫!

争当无烟学校好

全民健身活动好,控制戒烟很必要,
既卫生来又文明,师生健康乐陶陶。
希望全体青少年,德智体美全发展,
建议各地各学校,争当无烟学校好。
利国利民利自己,广大群众齐夸耀。

禁烟童谣二首

一、小老头

一个小老头,
伸着手指头。
夹着小烟头,
抽着有劲头,
问他八十几,
十岁刚出头!

二、黄

黄牙黄眼,
黄鼻子黄脸。
黄色的嘴巴。
吐着黄圈。
吐来吐去,
命归黄泉。

"烟"字析

劝你不把香烟找,烟字结构要知晓:
火在不断烧烤,烟在不断缠绕,
人马上要昏倒,看来香烟真不好。

我劝大家来禁烟

说抽烟,道抽烟,抽烟危害不一般。
要问危害有哪些,听我说个一二三。
第一抽烟伤身体,长期抽烟寿命短,
烟内毒物实在多,吞云吐雾毒气散。
致癌物质十几种,染上疾患苦不浅。
咳咳喘喘吐浓痰,大人小孩都厌烦。
第二抽烟是浪费,既伤身体又花钱。
一天抽上一包烟,少说也要三五元。
日而月,月而年,一年抽掉一千元。
辛辛苦苦血汗钱,付之一炬全抽完。
第三抽烟有危险,乱扔烟蒂惹祸端。
一不小心酿火灾,造成损失难估算。
多者损失几个亿,少者也有好几千。
时刻注意讲安全,我劝大家来禁烟。

人民教师责任大，禁烟应当是模范。

树立文明新校风，共建美丽大花园。

我国最早的戒烟歌

1912年初，上海商务印书馆出版了一本《共和国民唱歌集》，收录了当时流行的30首爱国、革命的歌曲，《戒纸烟》即其中之一。

《戒纸烟》的歌词大意是：

纸烟纸烟，害人真不浅。

精神脑筋损伤胜鸦片。

劝同胞快快戒吸纸卷烟，

纸烟不吸名誉保全，谁人敢轻贱？

戒烟小调

吸上一支烟，赛过活神仙。大家不要信，这是骗人言。
吸烟害身体，千万莫小看。首先害气管，再把肺污染。
在家吸支烟，烟雾四处窜。害人又害己，毒似小鸦片。
在外吸支烟，毒雾八方散。闻者都遭殃，就像毒气弹。
吸烟害处大，伤身又费钱。烟雾随风飘，送你上西天。
人家都戒烟，空气真新鲜。无烟环境好，益寿又延年。

戒烟先戒"敬烟"

国人有一陋习极具普遍性，这就是"敬烟"。你不妨想象一下，两个吸烟的人见面，第一个举动是什么，一定是掏烟，且是抢先掏烟，动作麻利而准确，生怕落在对方后头，结果是动作快的或香烟档次高的得手，双方便在喷云吐雾中开始交谈。如果一个人总是动作慢，总是吸"偏烟"，头上怕是难免一顶"抠门儿"的帽子。这陋习还传染了不会吸烟的人，谁要办事，忘不了兜里揣盒烟，见了想求的人，还没开口先递上一支烟去，否则就是不会办事儿。家中来了客人，也是先递烟后倒茶，否则就是不热情。总之，递烟仿佛是人际关系中的润滑剂，没有它便转不动了。

这一陋习所以如此普及，除了人们把它看作是对人热情的表现外，还因为给它起了个文雅、高尚、好听的名字——敬烟。敬烟表示"敬"，谁还不敬？谁敢不敬？

将"敬"与"烟"联系起来，我百思不得其解。吸烟的危害，传媒作为卫生常识介绍已有时日，近几年"戒烟日"前后媒体连篇累牍的宣传更是声势浩大，按说应是家喻户晓了。香烟中含有致癌物质，而癌是不治之症；香烟能使心脑血管收缩，促使心脑血管硬化；吸烟成瘾，实际上是尼古丁中毒，吸烟从某种意义上说是另一种形式的"吸毒"。如上所说，"敬烟"是什么？是"敬毒"！何敬之有？

当然，把"敬烟"说成"敬毒"，未免危言耸听了。但可以肯定，"敬烟"在促进吸烟方面，"功不可没"。每个烟民不妨回忆一下，他是怎样加入烟民大军的？可以说，许多人是从被人"敬烟"开始吸烟的。中国人讲究礼尚往来，吸烟者互相"敬烟"，你来我往，无疑会加快吸烟频率，提高吸烟量。凡有烟瘾者，大都想戒烟，而戒烟者多因抗不住

"敬烟"而"复辟"。我总认为,"敬烟"是造就和巩固烟民大军的内在推动力。

宣传戒烟我们花了不少气力,但烟民队伍却日见扩大。我想,倘能在宣传戒烟的同时,宣传一下戒"敬烟",也许会更加实际而有效。记不得什么时候了,在某机关办公室看到这样一个条幅式的告示:本室谢绝"敬烟"。他们许是为了廉政,但我想对戒烟也有推广价值。假如各种传媒广泛宣传"敬烟"的危害,形成"敬烟不是敬"的共识,每个人都不"敬烟"或谢绝"敬烟",那么对于戒烟也许可以收到堵源截流的效果。

不敬烟也是一种文明

吸烟有害健康,已是大家的共识。随着北京市公共场所禁止吸烟规定的实施,北京的公共场所已不再有人"吞云吐雾"。但在私下的一些场合,有人还是习惯向别人敬上一支烟。我认为,在当今文明社会中,敬烟应被视为一种不文明的表现。

据朋友介绍,日本人就没有敬烟的习惯,他们认为香烟既然不是什么好东西,因此也就没有必要送给别人。这一良好习惯是值得我们借鉴的。香烟,不是茶,也不是饭,相反它却对人的健康有害,把它送给别人,哪里能表达尊敬之意呢?可遗憾的是,有些人并不这么看问题,他们明知香烟的危害却偏偏要把它当作一种"礼物"敬来敬去。也有人认为,你敬我一支烟,便是对我尊敬,越是名牌香烟,就越是看得起我。还有的人,经不起他人的频频敬烟和"热情"劝导,似乎不吸别人敬来的烟就是不近人情,不吸这敬到面前的香烟好像就吃了亏,久而久之欲戒不能,掉进烟雾中不能自拔。

既然香烟是一种有害健康的东西,以此来表示对他人的尊敬,显然是不文明的。所以，为了他人的身体健康，为了生存环境得到改善，烟还是不敬为好。

一堂作文指导课

接任这个班的语文课兼班主任工作不到一个月，我就发现班里有几个"地下烟囱"，却装作全然不知的样子。

这一天下午，同学们都等着上作文课，只见我空着手径直走上讲台，大家都很纳闷——疑惑的目光一齐向我射来。环视全班以后，我故意挑选出三名与烟有染的学生，"申某某、李某某、沙某某，你们去把我厨房的小铁锅、办公桌上的那个罐头瓶以及那支旱烟袋也拿来！"铁锅、罐头瓶、旱烟袋都摆在桌上，尤其看到罐头瓶里胡抓乱挠的小壁虎，大家更纳闷了。期待的目光一齐向我射来。

首先，我拿起罐头瓶，用手指着瓶口问："瓶里有什么？""壁虎！"接着，我举起旱烟袋又问："这是什么？""旱烟袋——""烟袋里有什么呢？""烟——油儿——"异口同声过后是窃窃的笑声。"请你们再帮个忙，咱们共同做一次小实验，"从旱烟袋里掏出的烟油塞进壁虎的嘴里不足一分钟，小壁虎的四条小腿儿猛蹬了几下就不动了。此时，班里鸦雀无声。

紧接着，我举起小铁锅儿，让锅底面向学生，用手指头一边刮锅底的灰一边问："这是什么？""锅——灰！"又是异口同声，这次却没有了笑声。我看火候已到就说："吃了烟油的壁虎会毙命，经常做饭用的小铁锅被熏得黑乎乎的，那么，经常吸烟的人会受到什么危害呢？他们的肺又会怎样呢？那么，怎样能避免这些危害呢？同学们，请打开《健康教育》课本（中学版三册），第二章的'吸烟对健康的危害'一节，让它更详细更具体地来回答这些问题吧！"一阵"哗啦哗啦"的翻书声过后，只听见我在班里巡视的脚步声。

最后，我做了总动员："肺癌患者90%为吸烟者。慢性气管炎90%以上有吸烟嗜好，吸烟消化道溃疡的发病率比不吸烟者高两倍。这些惊人的数字告诫我们，作为正处在生长发育阶段的青少年，我们决不能'我拿青春赌明天'——稀里糊涂做香烟的俘虏，决不能拿自己的生命当儿戏！据测定，吸烟者在吸烟时把约70%的烟雾吐入空气中供旁人'享受'被动吸烟者其受害程度比吸烟者本人还大。可见，吸烟既害人又害己，是一种不文明、不道德的行为。为了自己和他人的健康，为了自己以及集体的形象不受损害，我们以'劝君莫吸烟'为总题展开讨论，然后，把自己的感受写出来，题目也可以自拟。"顿时，那真是一石击起千重浪，班里像炸开的锅一样议论纷纷……

自此，"地下烟囱"再也没冒过烟儿。

营造禁烟氛围

为什么在发达国家烟民减少的同时，我国的烟民却有增无减呢？因为我们有意无意地营造了鼓励吸烟的氛围。而且在这庞大的烟民队伍中，有1/3以上的青少年。

请看电视剧、电影：总经理、大老板一出现，必拿出进口烟，一边抽着一边和来客谈生意，气度非凡。再看女经理、女厂长也是有事无事翘起二郎腿，点燃女士烟，姿势优雅地吐着烟。再看那科技人员或作家、艺术家，苦思冥想时，一支接着一支地猛抽烟。一夜下来，烟灰缸里满是烟头。反正影剧中的人物，无论正面反面，高兴时抽烟；痛苦时也抽烟；疲劳时抽烟，兴奋时也抽烟。这众多的抽烟镜头，不是在诱导青少年学抽烟、去抽烟吗？

请看会场或会议室：有的不挂禁烟标志，有的虽挂着禁烟的标志，却形同虚设，主席台上先带头抽起来，台下的烟民也纷纷响应，造成会场烟雾缭绕，空气污浊。吸烟者并不觉得危害他人健康而羞愧而收敛。

凡此种种，无不是在鼓励人们吸烟。为了民族的长远利益，我们的确需要营造一个禁烟的氛围，在电视电影中，禁止出现吸烟的镜头；在一切会议场合，任何人均不准抽烟，领导干部带头不在会场上抽烟；不准香烟做任何形式的变相广告；严禁中小学生吸烟，不准向中小学生售烟；制订法规，逐步限制在公共场所吸烟，等等。

营造禁烟的氛围，实际上也是一种精神文明建设，既要靠政府，更要靠每个公民。

"禁止吸烟"辨析

世上也竟有这种事，有生产香烟的，却不提倡吸烟，尤其要禁止青少年吸烟。听起来似乎不尽情理，但它的合理性又寓于它的不合理之中。

说它合理，首先吸烟危害健康，这一点是被现代医学早已证明了的。到医院看病，大夫总要问："抽烟不？"还有一种说法称：吸烟是慢性自杀！可见其危害。

吸烟者有自己的想法，或帮助思考，或消除疲劳，但这几条却与青少年不沾边儿，没有听说过，谁临场考试，不会做某道题，一吸烟就答上了。有的青少年吸烟是想让别人看自己成熟。按照中国的习惯，无论是上了年纪的男人还是女人，都要吸上两口烟袋锅，以消磨时光。他们与年轻人聊天时，吸一口烟，说几句活，颇显成熟、老练，这种成熟和老练帮助老人们获得了权威。而青少年这样做，该是何种窘态？

禁止青少年吸烟，要使学校、家长、社会三者结合起来才行。学校要教育学生不吸烟，家长要教育子女不吸烟，社会要建立良好的禁烟环境。这样,"禁烟"才能落到实处。

针对成因　重在攻心

我当班主任这些年中,在学生吸烟问题上做了一些专题调查和研究。禁止学生吸烟,除了经常进行教育,告诉学生吸烟对身体的危害以外,还应针对不同成因,研究不同的"禁烟"方案,把工作做细,让学生心服口服。

对于由好奇心引起"烟瘾"的学生,应把工作重点放在解除学生的好奇心上面。展示香烟的危害性,如说明香烟的成分尼古丁对人体肺部、口腔、气管的损害,易导致呼吸系统疾病,易致癌。每年全世界由于吸烟使人类致病、引起火灾等的经济损失上亿元。

学生吸烟受社会风气影响,成人吸烟对学生有"暗示"作用。有的学生家长、有的教师吸烟,自己吞云吐雾,满身烟味,去做学生的思想工作,缺乏说服力。在我当班主任的班级,我们发起任课教师、学生家长戒烟的倡议,师长率先垂范,丢掉香烟,并让深受香烟危害的成人给学生做报告,介绍吸烟的危害,规劝同学切莫沾染。一位学生家长在客车上吸烟引起火灾,烧伤乘客五名,客车报废,造成经济损失二十多万元,学生家长谈及此事声泪俱下,追悔莫及。学生听后,触动很大。

学生吸烟隐蔽,不容易被发现。我们采取"望、闻、问、查"的办法来发现吸烟的学生。望,就是观察,看牙齿看手指是否有色,熏黄了的可能吸烟;看衣服,经常烧有小洞的可能吸烟;闻,闻烟味,在学生住室和一些隐秘的角落,吸了烟可以闻出来。学生刚刚吸了烟,也带有烟味,容易发觉;问,经常问一问学生,问一问家长,学生有无买烟的行动,在经济上花钱方面有无反常举动;查,进一步检查证实。查实学生吸烟,有了第一手资料,工作起来有说服力,有针对性,根据不同情况给予不同的处理。

吸烟的滋味

曾经自认没有吸烟的"天分",那是在年轻的时候。那时,我在《人民日报》上夜班。前半夜还好,每到午夜过后往往身不由己困乏频袭。同事们见此情形时常关切地递来一支香烟:"吸一支吧,解困的良药。"我通常不信,偶尔接过一支,常常是没吸两口就眼睛呛得流泪头脑更加昏昏,于是解嘲说:"看来我是天生没有吸烟的天分与福分。"同事摇头,我也只好懊恼地掐掉那刚点燃的香烟。

一阵文革的风雨,我被发配到内蒙古的边陲小镇陕坝。两年后调入《巴彦淖尔报》编副刊。不久,一批批知识青年被时代的洪流裹挟着来到这里"改天换地"。初来时大多慷慨激昂决心"扎根革命",久了,落寞中不免纷纷寻找出路。出路之一就是给报社投稿。因为按兵团常规,谁见报率高,谁就有可能升学、提干。既然目标皇皇,来投稿者几乎如朝圣一般。那时民风尚淳,知青们几年收入,大抵靠家里接济,十七八岁的孩子省吃俭用掏尽腰包买一包香烟也算朝拜编辑们过得去的进见礼。往往他们进门就掏烟递烟。我说不会吸,他们始而不信,继尔就眼巴巴望着我,递烟的手始终不肯缩回。似乎我吸了那烟他的稿子就有望刊出,他的皇皇目标也就接近一步。出于同情与怜惜,我开始接受他们的烟。久了,与妻说起此事,她也深表同情,于是或我或她总要替我买包香烟放在办公室的抽屉里,以便同这些来投稿的知青们有往有还,这样,一可安慰他们惶惑的心,二可免沾孩子们的便宜。可即使如此,我还是并无烟癖,倒不是洁身自好,实在是无此"天分"。

80年代初叶,随着国运昌隆,我和妻也就举家迁京。不想,一年以后,妻携儿女去美探亲时竟定居那里。此后,每每黄昏,看着满街人流急切回家的身影，我则凄凄惶惶不知身归何处。我怕回家，于是骑上那辆自行车踯躅街头。累了，又想回家。回家做什么？吸烟。似乎这烟能喷出种种无奈，似乎这烟能带来所有期冀的温馨，我成了一个地道的烟民。

于是脸上发黯，于是患了胃炎、食道炎、慢性咽炎，于是带着满身浓烈的烟味……去年暑期，妻带着已经成人的儿女回京省亲，儿子见我吸烟往往沉默着、阴沉着脸；女儿见我吸烟就半撒娇半规劝地边喊"好臭"边猛劲扇手；妻则皱皱眉头轻轻说："戒了吧，为了我们……"

我不愿向他们说出这吸烟的经历，我陷入吸烟的尴尬，我想戒烟。

吸烟故事

在农村插队时，学会了抽烟，那时的老乡，口袋空空，手里只有烟袋锅子，见面就让烟，还说："哪有后生家不抽烟的？"为了不让人说自己是个"娃娃"，便学着抽烟，逐渐就会了，有时没烟了，就到老乡家随手抓一把烟叶。但回北京探亲时，那是不能抽的，因为家里人会说你没学好。

后来进工厂当了工人，已有些烟瘾了，尤其是上夜班，不抽烟是钉不住的。那时闹过一阵地震，晚上，伙伴们在地震棚横七竖八地躺了一片，我甩出两包"隐藏"多日的好烟，赢得了一阵欢呼。当时的人们，心中有些隐隐的惆怅，伴着飘散的烟雾，竟勾出一些深沉的话题。

回北京上了大学，又来到母亲身边，许多事情又让母亲管起来，"你能不能把烟戒了？"这句话在我耳边不知念叨了多少遍，我口中连连称是，但颇有一副"儿大不由娘"的样子，虽抽得不多，口袋里的烟却从未断过。

好不容易操持出自己的家。起初夫人很随和，只要能跟她聊天，并

不管我抽烟，顶多把窗户开个缝，接着聊起来。儿子出世就不一样了，人家掌握了"被动吸烟"理论，常常给我上课，当然我也挺自觉，在家里收敛了许多。有了两居室，自认为有一间屋于是自己的，抽烟便有些无所顾忌，于是引来了夫人的"不满"，待到儿子学会了说话，又多了一个帮腔儿的。我终于悟出：抽烟是一件自己得意、那人讨嫌的事。

但这种得意却付出了代价。由于长期伏案工作，颈椎有了毛病，加上抽烟，常常头晕，厉害的时候，感到原来头脑里的信息都变成了烟雾，这可坏了，尚未老年，倒先"呆痴"了。于是，一边治病，一边"戒烟"，居然有些好转。近来，吸烟人多了一个话题：北京要限制吸烟了。我想：抽了这么多年烟，这个说，那个管，都是我行我素，到意识到吸烟有害，一时半会儿又戒不了，现在，先靠法律限制，少抽些烟吧，人到中年，保命要紧。

五月十五日的期待

很小的时候，就知道抽烟不是一件好事，不过，学会抽烟倒真是源于一件"善举"。上大学时，一位年长的同学失恋了，经常约我陪到他到校外的那片小树林里散步，排遣愁绪。他是个不折不扣的烟鬼，偶尔也让我陪他抽上一支。那时的学生零花钱很少，为了帮助他，我就经常买一盒烟装在兜里，主要是助人为乐。遗憾的是这位老兄的爱情故事一波三折，几番如是，终于把我拖累成了"瘾君子"。

无论吸烟者如何巧舌如簧，其实心里都知道抽烟对身体没有好处，正像我清楚自己的肺里一定会有一片黑暗一样，只是大家都觉得其危害不至于像宣传品所说的那样危言耸听，就如同我们的国家有许多出色的人才英年早逝，令人扼腕痛惜，究其原因，多是抽烟之外的缘故。我的故乡是一座偏远的小城，那里的人们常说"喜酒闷烟"。想来喝闷酒易醉伤身，而抽烟则可以排解愁肠，这几乎是所有烟民的共同感受。从学会抽烟至今，十余年岁月里，在长夜难熬之日，在心情抑郁之时，在寂寞旅途之际，一支烟真的就像一个朋友，伴自己度过无数难耐的时刻。

很久以来，父母、同事、亲友屡屡告诫要少抽些烟，而自己总是不以为然。所以，限制抽烟的消息传来，关心自己的人们便很是兴奋。不过，近来和烟友们交谈，大家好像也并无太多的紧张忐忑，或许，限制抽烟本来就是一件顺理成章的事情。只是，让抽烟者或不抽烟者都十分关心的公共场所到底指的是那一方天地。

我们的国家正锐意走向繁荣、文明，以首都北京而言，前年禁爆竹，去岁限养狗，今又限吸烟，很是风风火火。其实所禁所限之事，均是大众生活之中流传甚广之痼疾，其中尤以吸烟为甚。5月15日后，倘真能令行禁止，一扫积弊，我想我们应当有信心期待国家会有一天河清海晏，我们的社会里会有更多的恶习得到彻底的禁止：比如公款吃喝、比如以权谋私……

戒烟诗话

烟为人类健康之大敌，古今许多名人写下了不少奉劝人们戒烟的诗词。

清康熙皇帝厌恶抽烟，为让大臣史贻直和陈元龙戒烟，特赐他俩各一支水晶烟管，要他俩当众抽烟。两位大臣装烟点火，一吸便清楚地看到烟火顺着透明的烟管直往上冒，噼啪作响，直到唇边还发出爆裂声。史、陈二人一见，便戒烟了，有人作诗赞道："碧碗琼浆潋滟开，肆筵早已戒深怀。瑶池宴罢云屏敞，不许人间烟火来。"对康熙戒烟作了高度评价。

清代道光十九年间，苏州太守李璋煜曾制订二十则《劝民歌》，张榜公布于城乡各主要交通要道。其中一则是《戒烟歌》："劝我民，莫吸烟，五脏六腑都熬煎。甘之如饴真鸩毒，想一想，连死由己不由天。"歌词通俗易懂，诙谐有趣，实属一首戒烟除癖的好诗。

辛亥革命时期，华航琛写了首《戒纸烟》诗："纸烟纸烟，害人真不浅，损伤精神脑筋胜鸦片。劝同胞快快戒吸纸卷烟，纸烟不吸名誉保全，谁人敢轻贱？"这首诗把禁烟提到新国民应有之文明的高度，还被收集在《共和国民唱歌集》中。

冯玉祥在美国考察水利时，一次被会场烟熏得难受，于是作四言诗道："大会礼堂，又熏又臭，又臭又熏，既熏且臭，既臭且熏。熏而又臭，臭而又熏。熏熏臭臭，臭臭熏熏，亦熏亦臭，亦臭亦熏。"此诗还被译成英文发表在《纽约时报》上。

解放后，为宣传戒烟，由瞿琮、任举红作词，毕庶勤作曲，创作了一首颇有影响的《戒烟歌》，歌词大意是："叫声哎哎！同志哥！你请听我说：抽烟的害处，实呀，实在多。是的么！尼古丁，最有毒，引起癌症了不得，你花钱来害自己，身体受折磨。伊儿呀儿哟，伊儿呀儿哟，你何苦来哟！同志哥，我的同志哥！……"

近年，台湾曾印发过戒烟宣传卡，有一首仿陆游《钗头凤》词作的戒烟词，既幽默又风趣，颇具感染力："本国烟，外国烟，成瘾苦海都无边，前人唱，后人和，饭后一支神仙生活。错锗错。烟如旧，人苦透，咳嗽气喘罪受够，喜乐少，愁苦多，一朝上瘾终身枷锁，莫莫莫。"

马校长戒烟

说北京二十中校长马成营烟瘾之大，熟悉他的人都称"一根火"，想想是早上划根火柴点着烟，就烟点烟、烟烟相续，直到梦里。

这是谣传，有些言过其实，但是他烟龄长得可以，确是事实。1965

年,他还是海淀区教师进修学校新来的年轻人,就和老同志一起抽上了。那一年,他刚24岁。1970年,他在海淀区委教育组工作,是年轻有为的,"笔杆子",日带夜地写材料,熬红了眼睛,更熬大了烟瘾,一天两包"香山",很少有剩烟过夜的。

1973年,他担任区教育局中教科科长,烟瘾日甚一日,也曾下决心戒,但短则3天,长不过10日,就坚持不住了。他工作责任心奇强,看到二十中校舍破旧、秩序混乱,他忧心如焚,主动请缨,出任二十中校长、党总支书记。工作千头万绪,挠头的事特多,他也时常想戒烟,但一直没断根儿。

经过十几年的努力,二十中发生了翻天覆地的变化,成为海淀区北部规模最大、设施最好、教育质量最高的完全中学之一,特别是学校坚持不懈地抓养成教育,德育工作一直走在市、区前列,但1995年市教委公布第一批"无烟校",二十中榜上无名,老马立刻觉得脸上发烧,二十中是德育先进校,又是首都文明单位,不是"无烟校"说不过去。他召集校领导商议创建"无烟校"的问题,有的说先设"吸烟室",有的说要有奖惩措施,校长助理高维成说得最直爽:"校长,全校就数咱俩烟最勤,只要咱们先彻底戒了,这事准成。"话说得实,马校长苦笑着点头称是。

1995年5月,马校长在全校教职工面前宣誓戒烟,并由学校确定一位原则性最强的的同志担任他的监督人,彻底断了自己吸烟的后路。学校不能抽了,在家里老伴采取"坚壁清野"的措施,任凭他哈欠连天,苦苦要求,也不松口。有时候,家里来了客人,吞云吐雾,他馋得满嘴口水。那一段儿,他在家常说的话就是:"小平同志真伟大,烟龄是我的两倍还拐弯儿,说戒就戒了。"

"痛苦"的日子总算熬过去了。快两年了,马校长再也没摸过烟,二十中也成为北京市"无烟校"。去学校采访,和他开玩笑:"在二十中看见烟蒂,可要罚您的款!"他的笑声更坚定更爽朗了:"只要你们能找到,我说话算数,认罚!

什么是毒品

毒品的品种很多,它的来源也很广:既有天然生长的植物,又有从天然植物中加工提炼的化学药物。各种毒品的毒性虽各有不同,但都能使人成瘾,产生强烈的生理和心理依赖。

鸦片—吗啡—海洛因

生鸦片,来自罂粟这种植物。从非洲最南端到地球北部莫斯科的气候都适宜这种植物的生长。罂粟花落后,在一株株罂粟的顶端都托着一个个椭圆型的果实——罂粟果。用小刀在罂粟果上割一小口,乳白色的果汁就会流出来,这就是生鸦片。鸦片经过提炼生成吗啡,吗啡再经化学药物提炼即生成海洛因,化学名称盐酸二乙酰吗啡。海洛因是白色粉末状物质,俗称"白粉"。这是目前被吸毒者广泛滥用的一种毒品,是强烈的中枢神经系统抑制剂,严重损害人的生殖、神经和肠胃系统。

可卡因

可卡因是一种白色结晶状的生物碱,古柯树的叶子中含有这种物质。可卡因与海洛因不同,它是一种中枢神经系统的兴奋剂。古柯树生长在具有热带或亚热带气候的山坡或高地上。可卡因是中枢神经系统,即脊髓、髓质、大脑等系统的兴奋剂。可卡因具有麻痹感觉神经末梢和运动神经末梢的作用,它还有通过萎缩血管,从而导致各种感觉迟钝的作用。可卡因使服用者在心理上对其产生严重的依赖牲,所以它是一种特别容易使人上瘾的毒品。

大麻及其衍生物

大麻是一种高大的年生木本、雌雄异株的灌木。大麻里含有数种生物碱,其中主要的有大麻酚、大麻二酚和四氢大麻酚。四氢大麻酚是服用大麻后产生致幻作用的主要成分。大麻的衍生物主要有大麻脂和大麻油，这两种物质在法律和医学上极认为是"浓缩的大麻"。

冰毒和"快克"

冰毒是由天然麻黄素中提炼出来的透明状结晶物质，其状像冰，所以叫冰毒。"快克"是从英文单词crack音译而来，它是一种合成的中枢神经兴苗剂，化学名称甲基苯丙胺，"摇头丸"即属此类毒品。冰毒和"快克"在国际上已成为新一代毒品。

吸毒贩毒将受到哪些惩处

毒品，是祸国殃民的社会毒瘤，为国法所不容！

修订后的《中华人民共和国刑法》第347条规定："走私、贩卖、运输、制造毒品，无论数量多少，都应当追究刑事责任，予以刑事处罚。"还规定：走私、贩卖、运输、制造鸦片1000克以上、海洛因或者甲基苯丙胺50克以上或者其他毒品数量大的；走私、贩卖、运输、制造毒品集团的首要分子；武装掩护走私、贩卖、运输、制造毒品的；以暴力抗拒检查、拘留、逮捕，情节严重的；参与有组织的国际贩毒活动的处15车有期徒刑、无期徒刑或者死刑，并处没收财产。走私、贩卖、运输、制造鸦片200克以上不满1000克、海洛因或者甲基苯丙胺10克以上不满50克或者其他毒品较大的，处7年以上有期徒刑，并处罚金。走私、贩卖、运输、制造毒品不满200克、海洛因或者甲基苯丙胺不满10克或者其他少量毒品的，处3年以下有期徒刑，拘役或者管制，并处罚金；情节严重的，处3年以上、7年以下有期徒刑，并处罚金。

刑法还明确规定了非法持有毒品罪；窝藏、转移、隐瞒毒品、毒赃罪；非法买卖制毒物品罪；非法种植毒品原植物罪；非法买卖、运输、携带、持有未经灭活的罂粟等毒品原植物种子或者幼苗罪；非法提供麻醉药品、精神药品罪等。如非法持有毒品罪，刑法第348条规定：非法

持有鸦片 1000 克以上、海洛因或者甲基苯丙胺 50 克以上或者其他毒品数量大的，处 7 年以上有期徒刑或者无期徒刑，并处罚金；非法持有鸦片 200 克以上不满 1000 克、海洛因或者甲基苯丙胺 10 克以上不满 50 克或者其他毒品数量较大的，处三年以下有期徒刑，拘役或者管制，并处罚金；情节严重的，处 3 年以上 7 年以下有期徒刑，并处罚金。

全国人大常委员会《关于禁毒的决定》第八条规定："吸食、注射毒品的；由公安机关处 15 日以下拘留，可以单处或者并处 2000 元以下罚款，并没收毒品和吸食、注射器具。吸食、注射毒品成瘾的，除依照上述规定处罚外，予以强制戒除，进行治疗、教育。强制戒除后又吸食、注射毒品的，可以实行劳动教养，并在劳动教养中强制戒除"。

此外，《中华人民共和国治安管理处罚条例》也规定了对吸食鸦片、注射吗啡等毒品的行政处罚。

恶梦醒来迟

——一个吸毒女的自述

阿英，30 岁，曾是成都市运动健将、公司职员，后"下海"经商，一度是商海中令人羡慕的女强人。曾有一个美满幸福的家庭，现正在成都市青羊公安分局强制戒毒所戒毒。

俗话说：三十而立，我这辈子彻底地完了。摧毁我的不是病痛，不是天灾，而是白色妖怪——海洛因。

美满的家庭、爱自己的丈夫以及可爱的下一代，这些女人一生追求的幸福我都曾经拥有过，而且我还曾有自己的事业。

我出身在干部家庭，父亲是一个单位的领导，母亲也在机关工作。父母和唯一的哥哥从小都很疼爱我，特别是父亲从小教育我女孩子要自重自强，要有自己的事业，做一个有用的人。我也确实没有辜负父亲的希望,从小学到中学,我的学习成绩在班上始终名列前茅,我爱好体育,加入了市游泳队,获得过运动健将的称号。

我天资聪明,自身条件也不错。当我18岁从游泳队退役到一家国有公司做职员时,单位同事都把身高1.68米,面容姣好的我称为"红太阳"。

21岁时,我披上婚纱。丈夫是机关干部,我们的女儿现在已经8岁了。婚后第二年,我在父母和丈夫的支持下辞职"下海",独当一面地做起了服装生意,由于我经营有方,27岁时我的个人资产已近百万,并在三家涉外宾馆内开设了时装专卖店,每天穿梭于几个店之间,日子忙碌而充实。丈夫对我很体贴,当我忙碌一天回家后,他总是做好饭菜放到我面前,还时不时地陪我聊天、散步,探讨一些人生问题。贤夫、爱女、豪华住宅、汽车以及同龄人的羡慕,我觉得自己是世界上最幸福的女人。

自我陶醉的同时,恶梦也开始了。因为应酬多,我开始吸烟、喝酒。我误入歧途是4年前的一个夏天,因为丈夫出差,女儿长期住在我父母家,我邀请几个生意上的女朋友到家中打麻将,通宵"作战"后,我已十分疲倦,再加上有胃病,浑身不舒服。这时,一个女友掏出一支烟递给我。我抽了一支还想抽第二支,女友神秘地告诉我说,那是消除疲劳的"特制烟"。

从此以后,我便对那"特制烟"有了一发不可收拾的依赖感。慢慢地,我知道女友给我抽的烟里面竟加入了毒品海洛因!而且这个女友竟早已成为瘾君子!后来,当我再向女友索要那种烟时,她便以每包500块钱的价格从我腰包里收钱!这时,我已经毒痛缠身,不能自拔!

吸毒是耗费金钱的无底洞,再有百万家财也难逃它的掠夺。4年来,我买毒品用光了流动资金,后来不得不把几个时装店、汽车也转让出去,几十万元钱几年就化为乌有。那都是我10年来起早摸黑,一分一厘地攒起来的血汗钱哪!今年初的一天,我毒瘾发作,身上又无一分钱,当打传呼找到一个贩毒者要求赊账时,这个家伙居然盯着我的胸部不怀好意地笑了起来。对一个吸毒的女人来说,除了自己的身体,还有什么可以拿来交换毒品的呢……

　　毒品是摧垮一个人的意志、人格，扭曲一个人的性格、喜好的最无情的毒剑。我曾是一个开朗、活泼、爱好广泛的女孩，在家里和朋友圈子里，到处都能听到我的笑声和歌声，亲人和朋友都很喜欢我。自从染上毒痛后，我变得孤僻、多疑、胆小。每次外出买海洛因，我总是心惊肉跳，总觉得街上所有的目光都在盯着我说："看，那个吸毒的坏女人！"冥冥中，我好像看见警察从天而降，把我铐走。有一次，我看见丈夫和父亲在俏悄说着什么，便冲上去大骂他们：你们商量想害死我呀。就连尚不懂事的亲生女儿我也信不过，总担心她哪天就到公安局去举报我吸毒。我整天就想着两件事：吸毒和睡觉。除此之外什么事都不想做。有时毒品断档，我就吞一把安眠药，用昏睡来逃避一切。时间长了，我的记忆力严重衰退，有时前一天发生的事情也记不住。

　　海洛因不仅毁了我的事业，也毁了我的家庭，摧残了我一生追求的幸福。看到我被毒品折磨得死去活来的样子，老父、老母、哥哥、丈夫不知流过多少次泪，他们给我下过跪，每天轮流4小时守过我。但这些对吸毒的人都没有用，我会跳窗而逃，去找毒品！母亲气得卧床不起，父亲一年间黑发变白，开出租的哥哥开车到处找我时出车祸撞断了腿。终于，丈夫也死了心，为了女儿不受吸毒妈妈的影响，他带着女儿离开了这座城市。

　　上个月，我正在买海洛因时被警察抓住送来强制戒毒。短短一个月，我的体重就从吸毒时的40千克增加到46千克，戒毒所的医生正在为我治疗因吸毒而染上的肝炎和妇科病。在戒毒所这片天地里，我又找回了一些曾经失去的自信。

　　除了残缺的生命，我现在什么也没有，也无法弥补失去的一切，但我还是要拼命一搏。我诅咒那些贩卖毒品的恶棍，我恨那万恶不赦的毒品！我只愿我恶梦般的人生悲剧能警醒姐妹们：恶梦醒来迟。人们啊，千万要远离毒品！

名人养生

教师必备知识丛书

周恩来的养生秘诀

周恩来总理为国为民日夜操劳,休息与睡眠很少,世人都钦佩他的过人精力。60年代末,在外交场合,一些国际友好人士曾询问周总理有什么特殊的"养生秘诀"。他不暇思索地答道:"我是一个中国人,当然是按东方人的习惯生活!"

事实正是如此,周恩来的体格同他那坚强的革命意志一样,是发扬中华民族勤劳勇敢的传统美德,刻苦锻炼的结果。

周恩来少年时代离开淮安,来到天寒地冻、风沙很大的北国城市沈阳,环境和生活条件的变化,使他感到很不习惯。他决心锻炼身体,每天很早起来跑步,风雪无阻地坚持了3年之久。邓颖超说,周恩来在天津南开上学时也坚持跑步。全国解放后,总理的工作虽然非常繁忙,每天只睡几小时觉,但他仍坚持散步,打乒乓球和做体操。

60年代中期后,周恩来工作实在太忙而不断延长夜间办公时间,他注意每隔2小时左右到户外散步10多分钟,再进入活动室打几分钟乒乓球。60年代末,周恩来患过一次较重的肩周炎,他除作封闭治疗外,特意在健身操中增加几节关节活动的动作。他做得很认真,即使在1966年患冠心病,1972年得了恶性肿瘤后,他仍尽力坚持锻炼。邓颖超曾告诉我:总理一直是怕热不怕冷,穿的衣服很单薄,到北京后一直不穿棉衣服,不戴帽子,不戴手套,即使在寒风刺骨的恶劣天气里去机场迎接外宾时亦如此。睡觉时盖的被褥也很薄,有的棉絮不足1斤。他习惯用冷水洗脸,不用肥皂。

周恩来的饮食极为简单。他喜欢吃五谷杂粮,荤素搭配,每周的主食除了米、面以外,总要吃几餐高粱米、小米及玉米面制作的食品。他很注意节食,保持适中的体重与良好的体形。

周恩来的生活内容丰富，爱好广泛，情趣高雅。他喜欢诗歌、音乐、舞蹈等。他经常参加周末舞会，既可欣赏音乐、陶冶心情，又能活动腿脚，驱除疲劳，还可联系群众，广交朋友。偶尔在心情好，工作也能放得下的时候，他会去剧场欣赏京剧。他在养病期间，有时还通过音像带，收听京剧名家梅兰芳、马连良、谭富英、程砚秋、张君秋等的精彩唱段。对于名书画家的字画，他也有浓厚的兴趣。1975 年在医院养病时，让秘书借来不少书法大师的作品，分批挂在走廊里鉴赏。他时常在这些作品前伫立良久，流连忘返。

万里同志的健身之道

万里同志已年逾八旬，须发皆白，但精神矍铄，气色很好，走起路来从不用拐杖，也不用人搀扶，而且走路很快。有时外出参观访问，日程安排很紧张，警卫秘书都觉得累，稍不留神，就赶不上首长了。他脑子清晰，许多事情都能过目不忘。读书看报看电视都不戴老花镜。和别人谈话时，他总能抓住事物本质，一语中的。虽不善妙语连珠，却也不乏幽默和趣谈。

万里主动要求从党和国家领导岗位上退下来，斗转星移已有五度春秋了。现在他除了兼着中国桥牌协会和中国网球协会两个名誉主席职务外，其他已再三要求不再担任任何名誉职务了。万里退休后，生活很有规律。每周的活动可归纳为"三打、两看、一接见"，即：打桥牌、打网球、打高尔夫球；看文件、看书报；接见客人。这样一周下来活动安排得满满的，生活充实而有节奏。

万里从不吃各种补药，也不相信什么气功大师的奇功魔法。他的座右铭是：运动就是健康和生命。实践证明：一静（桥牌）一动（网球）保证了他工作和身体健康。他说：这两项运动都要打到 90 岁再说。万里的饮食以清淡为主，每天的花生米、豆腐干和山东风味的酱牛肉总是少不了的还能时常吃上一些自己种的无任何污染的新鲜蔬菜。

万里一生淡泊名利，知足常乐。退下来后更不愿出头露面。请他题字的人很多，都一一被婉拒了。他手不释卷。当毛主席批注过的二十四史新版发行后，他非常想一睹为快。子女集资给买来一套。从此他一有空就翻阅起来。

谢觉哉的长寿十诀

谢觉哉是我国德高望重的无产阶级革命家，1971年逝世，享年87岁。谢老在几十年革命生涯中，历尽艰难，但始终精力旺盛。这与他的《长寿十诀》有关。

1. 食事：暴饮暴食固宜慎之，强进小食亦非所宜；必十分咀嚼而后下咽；宜有定时，切忌暴食；宜取富于养分者；每日不可食同一种食物；食毕勿即就寝；不可饮生水。

2. 运动：每日于空气清新处适度运动，决不可剧烈，不运动之暇者，出外以步行代之。

3. 清洁：身体、衣服、居室均宜清洁；沐浴及冷水摩擦；但沐浴之初，须与体温相等；空腹及满腹之时，不可入浴；行冷水摩擦宜于夏，使渐成习惯；家庭整洁。

4. 新陈代谢：每朝入厕一次，务养成习惯；运动之后，须去汗液、或入浴、或以布浸冷水而拂拭全身，但须俟汗干后行之。

5. 睡眠：起卧须有定时，睡眠充足；就寝后宜速眠，使成习惯；早眠早起；不可密闭寝室；寝室不可留猫犬及其他禽兽。

6. 衣服：衣服狭隘带缠紧密，有妨生理作用；衬衣宜常洗涤，卧具须时曝日光之中，以除病菌。

7. 呼吸：晨起出外呼吸新鲜空气；每日宜行深呼吸数次；呼吸均须用鼻不用口，室内空气宜调和之。

8. 皮肤：皮肤务使强壮；出外当注意寒暑之剧变，去厚衣领之习惯；睡眠时虽盛夏不可裸腹。

9. 神经：食后不用脑；业务须适度变换之，如午前读书，午后作事；凡烦闷、忧愁、悲哀、愤怒、喜悦、激烈感动，均宜慎之。

10. 精神：当勤厌惰，宜成习惯；不急于成功；又不宜躁；心中须常满足，勿生不乎之念；力所为之事，须顺次为之，势所不能者，切勿妄耗心力量。

名人与健身走

医学研究证明，步行健身有助于防治现代生活由于缺乏体力活动与锻炼而引起的多种"富贵疾病"。古今中外不少有成就的学者、作家、名人都有长期坚持步行的习惯，正是由于他们规律性地运动，才有了健康的身体，保证了他们取得卓越的成就，而成为名人。

邓小平同志一直坚持散步，"文革"期间也仍然坚持长期形成的散步习惯。每天清晨，他绕着院子里的两棵槐树转，每次一定要走上几十圈，每圈有一定的步数，把它当作一件严肃的事情，认真去做。

邓颖超也散步数十年如一日，她每顿饭前行走1000步，饭后行走200步。

散步也是朱德的主要锻炼项目，他有个雷打不动的生活习惯，即吃饭在食堂吃，不管刮风下雨、严寒酷暑，从不将饭打回宿舍或办公室。他认为，饭前走动能增进食欲，他早晨起床之后及晚上睡觉之前也要散步。他晚年仍坚持每天步行 3 次，每次步行 1500 米。

彭德怀元帅身体一直十分结实，斯诺在《西行漫记》中以惊叹的口吻写道："六千英里的长征，大部分他是步行过来的，常常把他的马让给走累了的或受伤的同志骑。"若不是屡遭摧残，为党为民族长期陷入苦苦的忧虑而积郁成疾，这位钢铁战士怎么会过早离开人世呢？

徐特立近 90 岁仍坚持日行 500 步。

闻名中外的文学巨匠巴金，年过八旬时，仍目光炯炯，气色很好。经医生检查，其心血管系统和内脏功能一切正常。他的经验是锻炼与写作并进。巴老认为，人老往往先从腿上老，年纪越大越要坚持不懈地走路，以练腿劲，这是很有见地的。巴金每天早晨早早起床，下楼在院子里先慢跑一会，回来喝杯牛奶，再出去散步，天天如此。

马克思认为，最有效也最适宜的锻炼和休息方式是散步。他能一边谈话，一边散步，连续几小时。他可长时间地走坡路或攀登小山而毫不感到疲劳。1837 年，由于过度用功使他的身体垮了下来，他仍每天从住处步行到柏林大学，步行使他心情舒畅，不久便恢复了健康。对散步的效果，连马克思自己也感到吃惊。他回忆道："我并没有想到，虚弱的我却恢复得十分健康和强壮。"从那时起，他把散步作为健康和休息的最重要的手段，并长期坚持下来，直到他的心脏停止跳动为止。

居里夫人一生忙于科研。在丈夫不幸去世后，她的工作更加繁忙了。但她充分认识到，为了科学事业，得始终坚持锻炼。她选择了散步作为运动。她认为："科学的基础是健康的身体。"

世界著名科学家爱因斯坦，惜时如金，但他竟舍得每天抽出时间从事文体活动，这里有他一段美谈：他去比利时访问时，国王和王后准备隆重地欢迎这位杰出的老科学家。火车站上张灯结彩，官员们身着礼服列队在车站迎接。火车到站后，鼓乐齐鸣。可是，旅客都走光了，也不见爱因斯坦的影子。原来，他提着皮箱，拿着小提琴，从前一个小站下车，一路步行到王宫。王后问他为什么不乘火车到终点站，而偏偏徒步受累呢？他笑着答："王后，请不要见怪。我生平喜欢步行，运动常给我无穷的乐趣。"

红军寿星向多本

1998年2月20日，据说是中国目前健在的最老的红军战士向多本，在他的家乡愉快地度过了110岁生日。最近，记者在他的住所采访了这位世纪老人。

1935年8月的一天，在澧州的一条乡间小道上，47岁的向多本挑着一担食盐正走着，一队人马驰来，一个骑着高头大马的"小胡子"问道："老乡，大堰当怎么走？"向多本回答道："我就是往那里去的。""你暂时不要去，有仗打。""小胡子"领着人马呼啸而去。不一会儿，大堰当方向传来激烈的枪炮声。向多本大着胆子往前赶，正碰上那队人马返回。"小胡子"下马打量了一下向多本，只见他个头接近1米9，体魄强健，就问道："老乡，我们是穷人的队伍，愿意跟我们走吗？"向多本，这个1888年出生在石门于良坪乡一个赤贫人家的苦汉子，从16岁起就当挑夫！尝尽了生活的艰辛，一听是穷人的队伍，连家也顾不得回，挑着那担食盐就跟着队伍走了。后来他才知道，那个"小胡子"就是贺龙。

长征开始后，王震见向多本年纪偏大，就把他编到后勤部队给红军筹粮做饭。向多本挑着一副40多千克重的石磨，走起路来连小伙子也撵不上。

到达陕北后的第二年，向多本入了党。贺龙上了前线，王震上了前线，向多本留在了延安。延安成立了"贺龙学校"后，王震的夫人王继青当校长，2个教师，采买和伙夫就是向多本，60多个高级将领的孩子，就是吃着他做的饭菜长大的。

向多本，一个没有职务的老红军战士，在革命队伍中默默地奉献着。1951年，63岁的向多本在贺龙元帅的外甥廖汉生的关怀下，与新疆军区八一子弟学校缝纫员陈玉华结婚，现有一子一女。1966年，向多本在新疆军区退休，享受副师职待遇，1997年，离开家乡40多年的向多本携妻子儿女回石门老家定居。

目前，向多本老人身体十分硬朗，一点不像百岁老人，他耳聪目明，思维敏捷，行走自如，精神矍铄。医生曾对他做全面体检，令人惊讶的是，各项指标均相当于70岁的健康老人。向老80岁以前，每天黎明即起，跑步3000米，80岁以后直到现在，每天清晨打拳半小时，然后洗漱。从解放初期开始，他坚持一日吃二餐，现在早餐要吃一碗稀饭，5个馒头或者半斤面条，中餐吃米饭三大碗，以吃蔬菜为主。儿媳和孙子出去后，他一人在家，看电视、打拳、读书报，每天还坚持高声朗读《毛泽东选集》，在结束采访时，记者试着问他希望能活多久，他伸出5个手指："起码一百五！"

善于养生的李世农

安徽省委老领导李世农同志养生有道，虽逾87岁高龄，仍思维敏捷，身心两健。

李老原籍河北，30年代在上海做地下工作，1937年即来安徽坚持敌后斗争，直至解放。他在多年政治生活中，曾走过许多崎岖曲折的路；数次大病折磨，又险些夺去他的生命，结果都顽强地挺过来了。李老对政治上的沉浮，始终保持平静、温和、乐观的情绪，用他的话说："向前看！"任凭风狂雨暴也不曾损害他的健康。在生活上，则是粗茶淡饭，兼食五谷杂粮，一切"随意"，至今依然按照一个普通北方人的简朴生活方式生活着。一个"向前看"，一个"随意"，是保证健康长寿的重要因素。

李老忆起他生过的几次大病，以及他在病后采取的自我保健方法。一次是坚持敌后斗争时期生了一次伤寒，整整半年卧床不起，身体弄得十分虚弱。文革前后的两次大脑蛛网膜下腔出血，几次从死亡线上挣扎过来。他除了病中必须的医药治疗，病后即坚持自我保健——太极气功和自编的全身按摩操，达到了延年益寿和肌体健康的目的。李老说，他在上海坐牢时，就看过一本书叫作《科学的内功拳》，提倡"外练筋骨皮，内练一口气"，用科学的方法解释气功的道理。60年代，他又向一位著名老中医学习太极气功，同时辅以全身按摩，至今已30余年坚持不懈，使身体越来越好，连老年人的许多常见病也与他无缘。当我问及太极气功的奥秘和练功方法时，李老笑着说，如果有人愿意学习太极气功，我愿面授，包教包会。

彼此交谈中，我发现李老的养生观极富哲理意味。他说："每个人都希望健康长寿，我的观点是健康第一，而且主要的是通过自我保健获得健康。健康，自然长寿；如果只长寿不健康，那就是'常受罪'了！"

著名科学家杨振宁谈养生长寿

杨振宁是第一位摘取诺贝尔桂冠的美籍华人，他除了在科技领域有惊人的创举，对养生健身方面也有独到的认识。

读书养德

杨振宁童年时代是在北京清华园长大的，他的父亲是清华大学数学系的教授。他在清华园内成志学校上学时，成绩一直很好。平时他除了看课内书外，还大量阅读课外书。后来上大学，读博士，去留学，搞科研，他也不忘博览群书。他认为，读书不仅可以增知识，长学问，博学多才，也可以防治疾病、养德健身。他说，许多疾病来源于不良的情绪和不良的品行。读书是最好的心理疗法和道德规范。读万卷书，等于和许多高尚的人谈话，活百个人生，使自己精神、品行不断进入新的境界，成为一个脱离低级趣味、有道德修养的健康人。有人说，好人无长寿，歹人活百年。其实，好人长寿的例子太多了。孔子一贯提倡道德修养，认为大德必有其寿。孔子活到73岁。在"人到70古来稀"的封建社会可算是有德有寿了。唐代药王孙思邈，也主张养生须养德，他认为，德行不克，纵服玉液金丹未能延寿。孙思邈活到102岁，是养生须养德的典范。相反，歹人活百年的很少，《金瓶梅》中的西门庆，纵然有一身好武功，可他酒色过度，财气伤身，只活37岁就暴病而亡。《红楼梦》中的王熙凤，为人刁钻，心狠手毒，20多岁就命归西天。这些人的不良品行，不良情绪，违背良心道德，必然摧残健康，缩短寿命。

心静寿高

杨振宁每天学习、工作十几小时，几十年如一日。按理说，生命在于运动，一直是我们认作健康的信条，杨振宁则是一个很少活动的人，他认为，过度的运动会影响寿命，心静才是最好的养生、长寿之道。高僧长期坐禅，很少运动的作家、书画家和科学家，终生处于"静态"中，寿命都比运动员高，相反，运动员的健康状况并不很好，不少运动员40来岁就患心脏病，多数人的寿命还不及普通人。这说明，过量的运动是有损健康的，长期的剧烈运动会破坏人体内的生理平衡，加速器官的磨损和某些生理功能的失调，直接影响寿命。扬振宁说的"静"；当然不是过度的"静"，过度的"静"，也不利于健康。他说的"静"，是指陶冶性情的运动和恬淡养心静处相结合，一张一弛，使人的情志得以和谐，身心得以调摄。

刘逢军的养生之道

中国的国医——中医拥有源远流长的历史，在悠久的岁月中，名家能人辈出，无论是汉代张仲景、唐代的"药王"孙思邈、或是明代李时珍……等，这些先哲所留给后人的除了他们传奇般的轶事之外，还有数不尽的医学著作。香港中华养生总会会长刘逢军教授即是从这些古人留下的宝藏中，学习并创出了属于自己的医学方法。

刘逢军曾于1979年时在大陆任职检察官，许多人对他何以能由一位法律长才，成功转变为中医医学专家的过程感到惊奇不已。关于这一点，刘逢军说他因为年幼时先天体质不好，内毒很大，常常患病，背上更是常长许多疖子。直到后来翻阅中医医书后才恍然大悟，看到"肺主皮毛"，于是自己调配养肺中药，到今天背上已不再长疖子了。从此他对中医产生极大的兴趣，经过努力的自学及临床验证后，终有所成。受到中医医学的吸引愈来愈强，刘逢军终于在1994年专心从事中医医学的研究。他认为中医的核心就在于道家的"阴阳辩证"，另一个观念则是"删繁就简"。因为"繁""简"是同对存在的，昔日中国的古人在医学上就提出了用最简单的方法，来解决最困难的问题，因而归类出"阴阳五行"，用此把人体的五大循环系统"肝心脾肺肾"加以区分结合。

刘逢军根据古人遗留下来的观念，形成了一个思路，他表示人体的"肝心脾肺肾"无非就是一补一泻，就是讲阴阳，讲平衡。人体的健康出问题就是体内阴阳五行失调，只要让身体回归平衡就好了。例如：肾为"水脏"，属阴阳二补，没有什么"火"要泻。因此刘逢军自己研究之后，拟定了8种方子来解决人体的阴阳五行失调，这就是他所开发的"大道养生八宝。"

医学讲人类细胞每100天更换一次，在更换细胞的这百日期间犹如植物的生长期；而"大道养生八宝"这种纯天然系列的精华药物，结合"子午流注"（即什么药物依照什么时辰服用）的服用方法调整人体平衡，相当于创造风调雨顺的环境，使细胞在百日内焕然一新，将古代"返老还童"的传说变为现实，使人达到健康、长寿，"自己做自己医生"的目的。

刘逢军强调，人们应该平时就要注意身体的防护、调养。而不该等到生病之后才急着找药吃。

忙的乐趣
——方成谈长寿之道

方成画漫画已经48年了。48年来，他的漫画总是扣紧时代的脉搏，参与时事、评论社会，不曾有丝毫衰老的痕迹。方老今年76岁，仍然神采奕奕、思维敏捷。他的人同他的画一样充满着青春的气息。

"我的养生之道只有一个字，就是'忙'。"方老开门见山："忙就是要有事儿干。"

方老的事儿够多的，他画漫画、写杂文，还要撰写有关幽默、相声以及漫画等方面的理论著作。从1981年至1991年10年间，方老已编、撰出版了25本书。方老直言坦荡地说："忙得没功夫看书、看报，但还得挤时间来看，写文章没有新鲜血液补充怎么能行呢？看书还要做笔记、剪资料。好为以后创作积累素材。"

时间对于方老是显得"吝啬"了些。虽然他从不轻易浪费一分钟，而时间还显得那么紧张。"我早点从不出去吃，在家里下点龙须面，两三分钟，好了，多省时间啊。"

方老用自己的幽默解释了"忙"的乐趣。他说忙有3点好处。

第一，人忙起来就变得单纯，没时间想那些杂七杂八的事情，也就减少许多不必要的误会和磨擦。"老伴买菜图便宜，我买菜图省时间。这样难免在价格上贵一点儿。为了让她高兴，回家时只要把三毛钱买的东西说成两毛钱，大家也就相安无事了。"

第二，忙可以使人思路清晰、思维敏捷，不至于迟钝。"我一直坚持骑自行车。因为公共汽车站又挤又累又慢，而骑自行车不仅肯定有座位而且还省时间。更重要的是锻炼了分析力和判断力。骑车必须眼观六路，耳听八方，来不得半点儿含糊。否则，这儿一迟疑，得！撞人啦。"

忙的另一好处是可以少抽烟。"我平时一天最少要一盒烟，可一忙起来一天不抽烟。忙是最好的自觉戒烟的方法。"

"当然，忙也是要有条件的。首先就要找事儿干。"方老认为那些养鸟、养花、喂鱼的人，他们也在忙。方老说"他们全身心都投入其中就是有事儿可干。这样人就不会空虚。忙的前提是不要瞎操心，把心思集中到一件事儿上，就不会有闲心去想整别人，无事生非了。"

舒适——年近八旬不服老

上海电影制版厂著名老演员舒适，60多年来，演过60多部影片，还当过编剧和导演。舒适最有影响的代表作有《清宫秘史》中的光绪，《林冲》中的林冲，《红日》中的张灵甫等。这些年来，舒适仍活跃在银幕和屏幕上。不久，我们将在影片《卧底》中看到舒适扮演的蔡度和《中国人》中的方市长。

《卧底》中的蔡度戏并不多，但舒适从来不管戏多戏少，只要是厂里的戏他都拍。影片中的蔡度是位京剧票友，又是秘密的革命党人，戏中又拉又唱的，正配他这个京剧迷的口味。对影片所反映的那个时代的生活，舒适是比较熟悉的，他还常常出些点子使影片更具时代感。影片中有场戏表现一个当茶房的革命党人被误作敌人的卧底,刚要被处决,蔡度突然出现,但悠悠地说:"你们演火拼王伦呀,可惜缺了个锣鼓点……"及时制止了这场误杀事件。舒适反复推敲着这句一语双关的台同,觉得很有意味,又非常切合人物特定的身份,所以他念起这句台词对白来显得自然,表白十分投入。

年近八旬的舒老每天早上坚持跑步锻炼,他率领的"古花"篮球队,必须年满60周岁才能参加,舒适每次参加仍能打满全场,令小伙子们赞叹不已。

名门随氏长寿术

南京市中医院名老中医随建屏老先生,是祖传中医名家。说他是随氏名门,一点也不过,从南京有关史料记载至随建屏时,相传中医10代以上,而且代代是名医。

他年逾古稀,仍然精神焕发,颜面红润,背不驼,腰不弯,身体十分硬朗,现在仍半天门诊带徒,半天著书立说,可谓健康长寿,养生有术。

生活规律。随老早晨6时半起床,整理内务,洗澡后吃早餐,于7时半骑自行车上班。半天应诊20多人不觉累。他注意休息,每天睡眠不少于8小时。

动静结合。在动的方面,随老主要是坚持步行或骑自行车;在静的方面,侧重于静养、静坐。每天必静坐2~3次,每次15~30分钟,不拘形式或地点。长期的实践使他体会到,静坐能使精神思维得到充分休息,气血、阴阳得以平衡。因此很少生病,感冒也几乎没有。

荤素搭配。年过7旬的随老,食量不减,胃口很好,年轻时喜欢进荤食,进入中老年,较注意荤素的搭配。特别是步入老年以后,荤食明显减少，以防止动脉硬化。

知足常乐。 由于历史原因，随老曾在"文革"中下放农村，在不顺心的时候，他总是以"比上不足，比下有余"自慰。对生活、地位问题，每每以"知足常乐"来调节心理平衡。他在"文革"中学会使用"两个正确对待"，即正确对待自己，正确对待别人，得意时不忘本份，失意时尊重自己的人格，这叫"失不丧，得不狂"。

顺乎自然。 随老冬天不做夏天的事，夏天不做冬天的事，旨在遵循自然规律。随老穿衣很随便，多以宽松、深色为主。他不怕冷，很少穿厚毛衣。在房事生活上，也是顺乎自然，决不过度。

作家蒋子龙谈养生

在一次座谈会上大家请作家蒋子龙先生谈谈养生，他说："蝼蚁尚且惜生，这是老话了，所以人人爱惜生命，人人关心养生。但是把养生提到文化的高度，这是后来人的事，文化养生是一门囊括儒、释、道各家理论的学问，尽管儒、释、道三家在很多问题上观点不同，但在提倡养生这一点上是一致的。"

蒋先生认为养生，不管你遵循哪一家的理论，只要你相信有效就是可行的。随后他讲了两个故事。

世界老人运动会的马拉松冠军被美国人垄断了15年，1995年却被中国贵州的一位老人拿到了。比赛前那几天，因为不习惯西餐，他的身体有些不适，也没想到要在名次上怎么样，但是却轻轻松松拿了冠军。他赤脚奔腾在跑道上，威风凛凛。他对美国记者说，他的功夫是小时候练就的。那时生活穷，打野兽充饥，看到小动物跑在山上，就拼命地追，直追到动物跑不动了，便猎获成功。这是他的养生法，虽然是无意识的，但很成功。

另有人传说，一个和尚发现山顶有一片红光，认定自有高人修炼其中，于是登峰造访。果见有一老人练功于茅屋中。和尚请教说"您的功夫何来？"老人答："我每日口念唵嘛、呢、叭、咪、牛。"和尚笑曰："错了哎，应为唵嘛、呢、叭、咪、吽"。于是，老人改口，十分别扭。和尚下山后向师兄谈及此事，师兄曰："你大错，顺其自然为好，硬改则伤。"和尚不信，复登山望之，红光已无。

蒋先生说，这两个故事说明，养生无定法。每个人的性格、遗传因素、各种先天后天条件、工作、修养均不同，找到一种适合自己的方式，就是有益的。

前几年他突然感到不适，开夜车缓不过来。很困了，躺在床上却并不舒服。开始有人劝他打打网球。那是一项贵族运动，还得有人陪练，十分麻烦。后来有一天他在海河边上走，看见一个老人正在游泳，突然兴趣大发，也跳将下去，游得好不痛快；可惜海河是禁泳的，一打听东湖可去，便从此坚持到东湖游泳，算为也有好几年了。之后，吃就是吃，睡就是睡，干就是干，感觉就是不一样。蒋先生体会是："养生之道，已悦则行。"

忆明珠的养生秘方

著名诗人、散文家忆明珠先生，今年正值古稀。他身体很好，用他自己的话来说是：立如松，行如风，声如钟，双目炯炯如电，大鬼小鬼莫敢近前。一位古稀老人身体这般强健，莫非有什么养生秘方？是的，忆明珠先生确有养生秘方，即三个字——"勿吃药"。

此秘方"勿吃药"包括三种：一是不吃补药；二是不吃毒药；三是不吃后悔药。忆明珠先生认为，人的生与死是不可抗拒的自然规律，"生死有命，富贵在天"，补，也未必能将人的生命延长。所以不管广告怎样宣传补药，他总是置之不理，无动于衷。

忆明珠先生心胸开阔，情绪乐观，不管在什么样的情况下，服毒药自杀的傻事他是不会干的。他说："让我的亲友们放心，在任何情况下，我都不会服毒自杀，干出徒令仇者快，亲者痛的事。试想一个拒绝自杀的人，哪怕上帝亲自动手调制毒药，他会看在上帝的份上伸出舌头去舔上几舔吗？"

至于"后悔药"更与忆明珠先生无缘，他始终坚信"宁有今日，不悔当初"的生活信条，他在一首诗中这样写道："放却青山不独往，偏向红尘惹梦长，平生不吃后悔药，自刮病骨疗金疮。"

古稀之年的忆明珠先生，精力充沛不知老之将至，除了他有养生秘方，不吃三种药外，还与他喜幽默、爱笑话有关。

一次，忆明珠先生去某地春游，有一位女士见他大脑壳、光秃秃的，就问："忆先生，我能使白发转青、脱发重生、你愿意用这秘方吗？我传给你。"谁知，忆明珠回答得十分诙谐："我好不容易熬到今天才脱尽了满顶烦恼丝，你还要叫它再活转来，想想看，我会去受那二茬罪，吃那遍苦？"那女士听了忆明珠有趣的回答，笑个不停，她说："忆先生真是太幽默了。"忆明珠先生认为，笑话，第一是你笑，笑过之后，再让你想，爱怎么想就怎么想，不想也罢，叫作一笑了之。他还说，"烦恼人生，作喜剧观，一快身心，一醒耳目，非笑话，难得如此敏感之刺激。所以我喜欢笑话，圣经贤传、才子书、淑媛词，皆可弃置不顾，独独不可不读笑话也。"

关于养生，忆明珠先生还特别强调一点：戒气即酒、色、财、气的那个气。他说："别人气我，我不气；我不气，把他气死，我不死。"

马季：糊涂长寿

"糊涂长寿"是当代著名相声表演艺术家马季先生，书写赠人的条幅，又是保健的良方。"糊涂"一词，显然来自清代著名诗书画家郑板桥"难得糊涂"的处世经，自然，这里"糊涂"的主旨，当是凡事抱着"放一着，退一步""损于已则益于彼"，但求心安为核心的内容。特指是不顺心时，更应保持头脑冷静。"心静则体安"，这符合传统医学遏制疾病多生于气，"糊涂"不伤"七情"的医理。马先生在继承民族曲艺的同时，也吸收传统精髓，并作为他的保健良方，潇潇洒洒地生活着。工作上，马先生在"文化大革命"时，为了让人们"获得一点轻松，笑出几声"，每到年节都要创作一些相声。然而，马先生"拿着笔的手却哆嗦"，汗直流"，每到"上级"审查时，不知挨过多少批，受到多少训，马先生笑笑地"糊涂"以待，连申辩都不屑于。用他的话说："我要是小心眼儿，这世界上早就没有马季了！"

前几年中央电视台春节联欢晚会上，马先生忙于传帮带推出年轻相声演员，可有人劝他："干嘛不露露脸，要不大家都快把你忘了。"他满不在乎地："我已经完成了自己的历史使命，干嘛老让大家惦记着。要那名干什么？谁不知你身上有几两肉？""糊涂"使他有清醒的头脑，轻松的身子。

马先生多久没有"出场"了，一次，在公共汽车上，他听到两个小伙子这样传播"信息"："哎！听说马季出事，被抓了！"

"不会吧，昨天电视台还在播他的相声呢？"

"哎！播归播，抓归抓，你不明白！"

最明白的是在场的马先生了。可他又"糊涂"起来，把头往衣领里一缩，不吭不哈，提前一站下车了。

飞机上,一个好心人凑过来、悄声问:"马先生,您没有事吧?"

"——什么事呀?"

"你还不知道吧?外面可都传开了……"

马先生一笑了之,又"糊涂"起来了,过后他说:"我能从中找出高兴点来。"

说到谣传,有的小报登:"笑星马季盘脚打坐,腰板挺直,每天在练静坐功。"马先生看到后,他又"糊涂"起来了,对来访的记者说:"功,我倒是练,但不是什么静坐功,而是练的书法气功。""那些搞书法字画的人,大部少病长寿。什么道理呢?这里面有气功,练字就是练功,功夫到了,字潇洒,人也潇洒。"

马先生因"糊涂"得静而心宽。心宽体自安、他的身体胖起来了。他曾试着吃药减肥,效果不大。于是,他又"糊涂"起来,"干嘛要和自己过不去?"他顺其自然,无为而一"治"。现在,他血压不高,心脏供血良好,一手拿钓鱼竿,一手拿毛笔,潇潇洒洒地写这"糊涂长寿"的条幅,也阐明了他的保健良方。

红线女的健身之道

全国人大代表、著名粤剧表演艺术家红线女,近年在国外演出,好评如潮。观众纷纷说:"戏好,声甜,人靓,浑然不像年逾古稀之人。"有的观众猜测她做过"拉面皮"整容术,不然,何能如此容光照人。为此,红线女撰文答道:"绝无整容之举!若论健身术,我认为至关紧要的是豁达、乐观。心态时时保持平衡,还要有求进之心。心理永远年轻,人就不会老得快。"

50年代红线女放弃海外优裕收入,为粤剧事业毅然回国定居,没想到"文革"竟被泡在水里挨斗,一斗就是几小时……但她坚信粤剧事业决不会泯灭，自己也决不会永远离开舞台；即使被关在囚室内，她每天仍要完成练嗓子、跑园台的"必修课"。尽管"文革"整整耽误了她13年，52岁那年她又重返舞台，依然容光照人，神形兼备。

她敢于打破"40不学艺"的世俗观，把别人醉心于搓麻将的宝贵时光，用来学太极拳，"取其柔中有刚之形"；舞青萍剑，"摄其拔剑出鞘之祝"；练鹤翔庄功，"吸仙鹤美姿之灵气"，并结合自身情况，创编了一套训练眼、手、身、步的体操，作为每天晨练的健身项目。

她不论到哪，尽量不乘电梯，让自己从从容容地爬楼梯，进行有氧的微量活动。平时，或放松庭园，或浇花剪枝，或静坐养神，尽量使自己作息有规律，保持饱满精神。

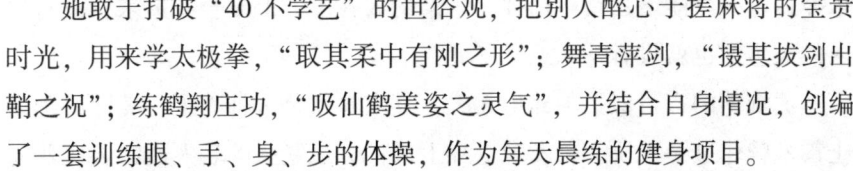

精神上的满足
——黄婉秋的养生之道

驰名中外的著名演员黄婉秋是一个青春常驻的女强人。

1961年黄婉秋刚16岁，因主演电影《刘三姐》而成名。之后，她一直在演歌剧、戏剧，先后主演过《夜半歌声》《洪湖赤卫队》等剧目。1990年身为桂林市文化局副局长的黄婉秋在政府和海外侨胞的大力支持下。组建了"刘三姐艺术团"，重排了歌剧《刘三姐》和其他一批节目，先后10多次赴香港、新加坡、马来西亚等地演出，至今已演出2万余场，深受欢迎。

面对繁忙的演出和工作以及长时间流动生活的旅途劳顿，黄婉秋始终精神饱满，精力充沛。她从不午睡，却很少有倦态。问她有何独特的养生之道，她笑曰："主要在于精神上的满足。当我在乡下演出看到乡亲们早早拿着板凳从几十里外赶来观看时，当我们在东南亚等地演出获得雷鸣般的掌声时，我觉得我的工作很有意义，值得自己用毕生精力去追求。因此，越干越有劲，也就不知什么叫累了。"

多年来，黄婉秋一直坚持自己动手做家务，如抹桌椅，拖地板、洗衣服等；平时外出只要时间允许，就坚持步行。她说："累一点可换来乐趣，苦一点能增强奋斗精神。懒惰的人在事业上不会有追求，没有追求的人生活也就没有什么意义了。"

黄婉秋的言行似乎与养生无关，其实这就是一种养生。美国心理博士雷米曾作过一项研究，发现世界上最忙碌最紧张的名人通常要比普通人的寿命高出29％，这是因为勤奋工作可排除人们的孤独感和忧愁感，并使人获得满足感，从而内心产生一种难以言喻的喜悦、欣慰和满足，增强进取心与自豪感，促进身心健康。

诚如上述，黄婉秋当属此列。

李默然健身有方

著名表演艺术家李默然已年近古稀，魁梧的身躯毫无龙钟老态，仍然是那样潇洒、稳健，充满活力。

谈起健身体会，他娓娓道来："生活规律，坚持锻炼，饮食得当，心情舒畅……"

李默然习惯早睡早起，每天清晨，他先到早市逛一圈，买菜、散步一举两得。回来后做一套自编的健身操，这套操动作舒缓，套路多变，轻松、随意。

这位声名显赫的大艺术家经常亲自下厨，而且还就了一手"绝活"，他尤其擅长做豆腐。他笑着对我们说："演奏锅碗瓢盆交响曲"也是极好的运动，还可以享受到不少的乐趣哩！豆制品的营养价值很高，我们家几乎每天都离不开它，久而久之，我的手艺也大有长进。

在饮食方面，他合理安排一日三餐，特别注重早餐的营养成分。零食从不问津,一天两羹匙陈醋,一周三顿粗粮是必不可少的。他认为陈醋可以软化血管,预防血栓;粗粮含有人体必需的多种营养成分,常吃方能保安康。

品茶是他的一大雅兴。他对茶颇有研究,称得上是行家里手,春夏喝绿茶,秋冬喝花茶,用他的话说:没茶吃饭都不香。

打桥牌是他最喜欢的娱乐休闲方式。每当和牌友对局时,从他那全神贯注的表情便可以猜中,这是一场没有硝烟的战争。

听李默然侃侃而谈,你一定会被他那清晰洪亮、极富感染力的嗓音所震憾。如此嗓音难道他有什么保养秘诀?夫人龙潮说:"他呀,天生一副大嗓门,从来不会说悄悄话,一说话就跟吵架似的。他要是打电话,好家伙!站在楼下都听得见。"

老伴的话引得他哈哈大笑:"这可不能怪我,职业造成的,但我说话从不觉得累,也没有声嘶力竭之感。"'秘诀'谈不上,只不过年轻时练过两年'气功',实际上就是演员练发声的基本功,气是声的'底座',有气才有声。这两年的锻炼使我获益匪浅,直到现在我的底气还特别足。"

李默然的精神生活非常充实,他每年要花一千多元钱订阅报刊,读书看报是他每天的必修课。

从他当选为党的十五大代表后,难得在家赋闲,繁忙的社会活动令他应接不暇,可他却兴致极高,乐此不疲。北方汉子所特有的豪爽、直率、洒脱,在李默然身上表现得淋漓尽致。他心胸宽广,为人坦诚,从不压抑自己,也从不为繁文缛节伤脑筋。

"君子坦荡荡。"这就是李默然良好心境的真实写照。

放怀天地大　白眼鸡虫小

——邵燕祥先生的养生经

在当今的文学界，65 岁的著名诗人、杂文家邵燕祥先生是个快成"精"的人物。

文章写得好，那是不用说的，比文章还要好的是他那个人。不是什么人缘，也不是什么朴实，是那分儒雅的风度，磊落的胸怀，一种久违了的品格和风范。难怪杨宪益要不无幽默地戏

他"诗才难比小蜂房，随笔闲聊更擅长。今日打油先让我，明朝读你好文章。"

嗜好方面，邵燕祥言"香烟已戒，酒不多喝。有书可读时或粗或细地读读，怕不叫'嗜好'；无书可读时例如在'黑帮队'和干校，则或坐或卧，像一段呆木头，神游天外。我连喝茶这个习惯都是从干校回家，生活比较安定以后才敢'沾染'的，因为并非什么时候什么地方都允许你有所谓嗜好，没条件讲嗜好而有嗜好，不是平添痛苦吗？"

邵燕祥觉得，修身、养性是两个概念。他以为"修身"是养生学意义上的问题。"养性"强调的是某种思想方法，通过思想精神，滋润人的灵魂。用不同的思想方法进行自我心灵安慰，做一套心灵保健操。能否做到"养性"是有前提的：第一，必须是有阅读习惯的人才能说到这个问题。古今中外所有的文学名著中记载的至理名言，都是一种间接的教育和信息吸纳。一个人并不是天生就会修身养性的；第二，是那些关注生活的人，同时，也关注他人命运的人，才能把自己与他人在比

照过程中，得出自己既不是最了不起，也不是最无能，既不是最悲惨，也不是最幸福的人的结论；第三，适合那种能够懂得限制自己各种或某种欲望的人。对某几方面欲望十分强烈，又不善于限制的人，做不到修身养性。反过来，它又在提醒人们限制自我的重要性。

他强调一个人应该以平常心对待生活中的不如意。灰暗的心理是心理健康的大敌。修身养性强调心灵感受的质量，以达到心中理想的自我形象塑造。

邵先生曾在一篇自述中写道："小并不曾倚，老复何尝卖。今死不为夭，匆匆六十迈。人宽我自宽，人仄我亦仄。偶一学骂娘，回敬骂娘者。老来脾气恶，万事但随心。人善有人欺，神鬼怕恶人。放怀天地大，白眼鸡虫小。鸡虫何足道，所刺在虚狡。"

药补，食补，不及动补

——左笔书法大师费新我的养生之道

人的晚年仅仅"安度"是不够的，还需要有精神的寄托，有充满乐趣的追求，左笔书法大师费新我先生就是这样一位晚年不图安乐，以执着的追求，献身书法艺术的老人。

五十多年的艺术生涯，费新我先生有这样的体会："学书法的道路并非一马平川，往往是崎岖曲折、坎坷不平的，但只要有刻苦磨炼的韧性和专心致志的毅力，任何高山都能攀登，最大的困难也能克服。"费新我先生在54岁时，因右腕患关节结核，经多方医治未愈，竟残疾了。

面对这沉重的打击，他并未颓丧，而是以顽强的毅力，坚定的信念与疾病进行斗争。一边坚持体育锻炼磨炼意志，增强体质，一边开始用左笔练习书法，探索书艺。经过三十多年的刻苦磨炼，在广采博取的基础上形成了独特的左笔书法风格，一举成为驰名中外的左笔书法大师。

古人云："书法以神采为上，形质次之。"又云："书如其人。"费新我先生的书法继承传统技法，推陈出新，取法于民间，得神采于大自然，而晚年书法愈加精萃，其部分原因是得益于经常性的体育锻炼。他一贯主张：书法家最重要的应该有一个健康的身体，只有身心健康，心胸豁达开朗，才能在艺术上不断进行新的探索，并且有所成就。

多年来，费新我先生颇重视体育锻炼，其方式以打太极拳为主。他认为，打太极拳不仅能强身健体，且有益于书艺的提高，因为太极拳讲究刚柔相济，动中求静，静中求动，意在动作之先。而书法用笔时，同样要求心静、用意、意在笔先。书法与太极拳有异曲同工之妙。

除打太极拳外，费新我先生还特别注意养生，他的体会是："药补不及食补，食补不及动补，锻炼还需乐观，独乐不如众乐。"从费新我先生的四句诗中，我们还可以看出他的人生境界是很高的，他所求的不是个人之乐、而是天下众生之乐，他以精妙的书法作品，给世人以美的享受和艺术乐趣，因而，人们将永远怀念这位书法艺术大师。

百岁老人的长寿之道

日前，一在南京科技会堂内，一位百岁寿星举行长寿秘诀报告会，老人站着作了一个多小时的报告，中途竟没有喝一口水！这位老人叫李仲南，1898年10月6日出生，是著名的社会学家和文学家，是唯一健在的南社成员。

老人认为："人的健康应该是生理和心理两条线平衡、一个人必须有正确的人生观、世界观、价值观，否则不可能健康长寿。一个人活在世上，不可能没有烦恼，关键是要有所寄托，自我排遣，人生才会相辅相成，锦上添花。"这位百岁老人生活中有"三动"和"四不"。三动是指：适当劳动、轻松运动、自由运动。四不是指：不抽烟、不喝酒、不赌博、不跳舞。李老多年来坚持"起得早、睡得好、七成饱、多跑跑、常笑笑、莫烦恼"的为人处事原则,至今耳不聋、眼不花。尽管享受公费医疗,可一年老人最多就花十几块钱看病。

李老的生活极有规律,每天早上5点多即起床打扫院落。他说:"拿扫把时可以弯腰,动腿,动手,从而得到全身的运动。看到打扫干净的地面,心情格外舒畅。"扫完地,老人坚持自己择菜。李老中午从不午睡,下午常常与客人谈两三小时而不累。晚上一般看中央电视台的"新闻联播""焦点访谈""天气预报"等节目,晚上十点以前,必定上床睡觉。老人的一日三餐简单,早晨稀饭加馒头,中午面条和干饭,喜欢吃煮干丝、香菇、蛋汤、很少吃猪肉,不吃牛奶、甲鱼和黄鳝等。

百岁老人舒自玉长寿之道探秘

为了探索长寿之道,最近(1998年7月中旬),笔者到湘西一偏僻山村采访了一位白发转青、脱牙再生的百岁老妪。

这位百岁老妪名叫舒自玉,是湖南省溆浦县江口镇茶湾村四组的村民。据村委会人口普查档案资料记载,舒自玉老人出生于1889年5月15日,至今已整整109周岁了。当笔者来到她家时,这位老人正坐在屋门边乘凉。见到我这位不速之客后,忙从屋里拿出凳子让坐,并嘱咐邻居去把下地里干活的儿子叫回来。这位百岁老人给笔者的第一印象是头脑清醒,身体硬朗,满头乌发。老人的儿媳妇舒四玉见客人到来,满脸春风,又是问好,又是端茶。当我仔细观察时,却又好生吃惊。但见这位66岁的儿媳妇早已是满头银丝白发了,与109周岁的乌发婆婆相比,形成了强烈的趣味反差。若不是刚见面时她们的自我介绍和舒自玉老人脸上所布满的黑褐色老年斑,笔者还真会弄错把她们婆媳颠倒呢。

据舒四玉向笔者介绍:她阿婆是她娘家的姑妈,7岁死父,40岁时

母亲过世。可以说，1949年以前，没过个一天好日子。因家境贫寒，自幼就以乞讨为生，饱尝了人间疾苦。28岁那年，她阿婆嫁到了这个家，因生活苦，结婚10年未曾生育，直到38岁那年，才生下儿子，以后又生下一个女儿。儿子3岁时，阿公又去世了，家庭更加困难。阿婆舒自玉只好拖儿带女，平时靠替人家当脚夫、扯猪草卖来维持生计；舒四玉7岁时，被当作童养媳来到这个婆家，她老伴向启真那时也只12岁，全靠这位51岁的阿婆舒自玉给富有人家卖苦力养活一家4口。舒四玉还活灵活现地向笔者介绍："我阿婆青壮年时代，是农村上等的劳力，她常常敢与上等的男劳力比高低，说来使人惊奇，100千克重的担子，一般男劳力望尘莫及，可她往肩膀一放挑起来就走。"

舒四玉还介绍说："我阿婆虽年过百岁，却是口齿清楚，头脑清醒，还能缝缝补补。除穿针引线要我代劳外，缝补衣服都是她自己动手，只是耳朵有点背，要大声说话才能听到。"

舒自玉的70岁的儿子向启真也说："我母亲一生很少害病，最多得点伤风感冒。家人给她请来医生，她却拒绝打针吃药。说来也怪，只见她打几个喷嚏后，不几天工夫，感冒会自然消失。"

指挥家李德伦的养生之道

他热情诙谐、豁然爽朗，虽然年近八旬，却依然精力旺盛。一谈起音乐就两眼闪着光芒说话滔滔不绝，全身心都沉浸在一种美好的境界中。他，就是我国著名指挥家李德伦先生。

李老出生在北京，童年时正值军阀混战的动荡年代。他曾随家迁往天津和长春，曾在当时全国唯一的高等音乐学府——上海国立音乐专科学校学习。他曾由周恩来同志亲自安排飞抵延安，在党中央决定建立的红色政权的第一个管弦乐团——中央管弦乐团任教员和指挥。他曾先后指挥过20多个世界一流的交响乐团并长期任中央乐团首席指挥。

提到身体和健康，李老说："如今我这个身子骨，全仗少年时的锻炼。那会儿我各种体育运动都喜欢，每天都要在学校操场活动5小时，常常玩球玩到天黑了看不见球为止。"

"后来到解放区去，整天爬山走坡，对身体又是一个极好的锻炼，以至于后来有这样一个'壮举'：从延安走到晋西北，又从五台山走到晋察冀，最后从太行山徒步到达山东，再从石家庄走到北京……"

"那会儿几乎没什么病，倒是后来三年自然灾害患了肝炎，修养过一阵。1978年又因肾癌动过手术，1990年还得过一次脑溢血，不过目前状况还挺好。"

"我这人最大的特点是乐观，不愁病。医生告诉我一个既成事实后，我就坦然地接受这个现实。既来之则安之，老老实实服从医生的嘱咐。并在什么时候都有个开朗的心境，即使被当作黑帮挨整那会儿，我也笑得出来，连整我的人也颇感奇怪。我还喜欢逗乐，信不信由你：侯宝林先生的一些段子也是从我这儿学的。比如《醉酒》这个大家熟悉的段子，就是我提供的素材。"

李老的饮食不挑剔，大米饭、带馅的包子、饺子、锅贴、馅饼都喜欢，"主副合一，吃着舒服又方便。牛奶喜欢，豆浆喜欢，豆腐及豆制品也喜欢。既是菜，又可当饭，营养丰富，何乐而不为？听说有一种能奏出优美旋律的酒杯，只要以手触摸或者向内斟酒，端杯饮酒，酒杯便会自动演奏出动听的曲子。科学发达的今天，已经把音乐同饮食巧妙地融和在一起，在就餐的同时得到音乐的美好享受。"

李老反对筵席的浪费和不必要的高档次消费，尤其反对"酷食"：吃活鱼、吃猴脑、活烫鸭掌……他认为这是丑陋的饮食行为，饮食也当讲文明、讲美、讲情趣。在艺术家的眼里，一切都应该是美的，其中也包括饮食。

百岁老人游治修的养生术

老人节前夕，我们来到常山县城胜利街新民弄 8 号游治修老人的家。这位 106 岁的老人，正提着水壶在小花圃内给花草浇水。他乐呵呵地对我们说，他一生喜爱种养花草，现在这已成了每天生活中的主要乐趣了。

游治修老人从小就跟哥哥学手艺——做馄饨，每天走街穿巷地叫卖。由于他和气待人，馄饨做得皮薄馅多，汤香而不腻，生意十分红火，名声越来越大。后来他干脆自己开了家取名"品香馆"的馄饨店。说起"品香馆"的馄饨，现在常山县上了年纪的人没有不知道的。80 年代初"品香馆"还登过《人民日报》，游治修也就成了远近闻名的"馄饨王"。

老人膝下有 3 个儿子，最小的儿子也已年过花甲，如今全家已是四世同堂。按理，老人操劳了一辈子，现在该享清福了。但好动的老人还是闲不住，常到他大儿媳开的馄饨店中帮忙，有时还露一手包馄饨的绝活。顾客们看了，都不相信他已是百岁老人了。

老人的孙子游泳向我门介绍说，老人现在耳不聋，眼不花，生活很有规律，每天早晨四五点钟就起床，先是活动筋骨，烧水喝茶，然后吃早饭。老人从小就学拳防身，当我们问他现在还能不能来几手时，老人微屈双膝，扎起马桩，"嗨！嗨！"地比画起来。一套下来，老人喘着气说："不如年轻时候了……"。

隔壁邻居和家人都说，游治修老人最大特点是生性平和，与儿子、媳妇等家人从未红过一次脸，与隔壁邻居、亲友，总是以善相待，能帮助的他总要给别人以帮助。老人性格开朗，精神状态很好。这是他长寿的原因之一。

百岁老人是个特殊的群体,受到党和政府的关心,当地民政局每月发给他100元生活补助费,县里还定期为他检查身体。画对这一切,游治修老人深有感触地说:"千好万好,还是新社会好啊!"

工作、散步及幽默
——记李霁野先生的健体养生

今年的4月6日,著名教授、翻译家李霁野先生在天津庆贺了他的93岁寿辰。老人除去眼睛患白内障外,身体并没有其他大毛病。年过九旬的他,偶尔吟诗,口述写稿,精神十分健康。

李霁野先生一生翻译了大量文艺作品,为中国新文艺的发展作出了很大贡献,因此,他在90岁的1993年,还荣获了第五届鲁迅文艺奖。

对待工作,李霁野先生信奉活着就要努力的宗旨。在八十年代初至今的十多年时间内,李霁野先生先后修订了40万字的旧译名著《简爱》,修订了15万字的英国作家吉辛的名著《四季随笔》,翻译出版了英国抒情诗二百首《妙意曲》,整理出版了散文集《给少男少女》,回忆文集《鲁迅先生与未名社》,还选编了十四卷本的《李霁野文集》等。工作量之大,可见一斑。

李霁野先生九十高龄尚能如此工作,我们大约会想到其身体底子十分不错。但是,早年李先生身体并非健壮,以至他在文章中这样写道:"那时我还在穷学生时代,而且颇有人担心我活不下去……,几年后老同学见到我,都惊讶我居然不但没有入墓,却比以前健康些了。"那么,这几年发生了什么事呢?其实说起来很简单:坚持散步。李先生视散步为最合理、最经济的健身活动。对此他的见解是:"我向诸位保证,腿实在不像许多脑子那样空虚。""别的人听说都是用脑子思想的,我却用腿思想的时候也颇多。"

当然,九旬高龄的李霁野先生能够如此,自然还在于他的幽默、豁达。李先生早年遇到这样一件事:一位朋友胖了,许多人纷纷请教秘诀,询问吃什么营养品胖的?这位朋友回答说:"吃饭嘛,有什么吃胖的。"李霁野先生却风趣地说:"我想这位朋友是'吃哲学'吃胖的。"李先生进一步解释:"我所谓哲学,是对于人生,对于社会的一种看法。看法宽大的,心就不狭小,精神也容易健康愉快些,身体也容易胖些。说到底,仍可用中国一句老话来概括:心宽体胖。"其幽默令人捧腹。

记得几年前访问李霁野先生时,我们有过这样的对话。当时我看见李先生虽须发斑白,但面色红润,身体硬朗,便说:"先生是可以高寿的。"李先生笑笑说:"人上高龄,很难说的,说不行就不行了。我希望死时最好一下子就去了。有的人活着啥事也不能干,仅仅维持生命而已,我不愿那样。"由此可见李先生对生死的豁达态度。李先生有一首自勉诗,诗这样写道:

时间纬线空经络,
岁月往返急似梭;
穿织人生成锦绣,
勿伤逝水成蹉跎。

我们衷心祝愿李霁野先生健康长寿。

健康老人陈仁镐的养生之道

在第四届全国健康老人评选中,84岁高龄的陈仁镐先生是上榜者。在此对大家谈谈陈老的养生之道:

1. 练武强身。别看陈老现年84岁,仍精神饱满,声音铿锵,思维清晰，但 66 年前谁也不敢相信：18 岁的他在上海做学徒，连乘电车都要头晕。为此，他参加了当年霍元甲在上海办的"精武体育会"，并与武术结下了不解之缘。60 多年来，他不仅每天坚持早晨锻炼 1 小时，还义务传授武艺，举办 200 多期武术学习班，培训学员 2 万余名。

2．自养胜于一切。用陈老自己的话说就是："自养、自爱、自得其乐、知足常乐、与众同乐，使自己每天生活在快乐之中。"陈老每天饮食有节，从不暴饮暴食；起居定时，每天保证充足睡眠，但从不睡懒觉；种花养鸟、看书读报都有固定的时间。常与陈老在一起的人都会发现，他一直笑容满面，每天心情舒畅。问及平时有无烦恼时，陈老说：八十多年的人生经历中，难免有些伤心事，便我从不计较既往得失，偶然遇到烦恼事，就转移注意力，集中精力练书法，从不自己给自己添烦恼，一个人要学会从现实生活中寻找乐处，才能知足常乐。

3．培养多种乐趣，创造良好生活环境。陈老除了精通武艺外还爱好书法，他写得一手好字。此外，尽管陈老一直居住在简陋的老房子里，但他栽培了三四十种花卉，保证一年四季有花常开，画眉、秀眼、芙蓉等鸟每天为他伴奏生活乐曲。

4．有明确的生活目标。陈老退休 20 年来专注于整理、挖掘当年各种精武武术套路，培训武术学员。弘扬中华武术。他说：我虽然 80 多岁了，但我的体力还可以为促进全民健身活动贡献一点力量。

"豆斋"主人萧朗

一个艳阳天，我采访了"豆斋"主人——萧朗先生。年逾八旬的萧老，性格爽朗，思维敏捷，炯炯有神的双眼不时透出睿智的目光。

萧朗，名印钵，字朗，别署萍香阁主人，颜其居"豆斋"。萧老祖籍北京，1917 年生于河北井陉。1949 年入华北大学三系艺术部深造。

现为天津美术学院教授、中国美术家协会会员、天津美术家协会顾问。萧老是中国当代著名花鸟画家,他以擅画花鸟鸡虫蜚声海内外,同时精研画花鸟技法。

"您有什么长寿秘诀?"我问萧老。萧老笑答,"我哪里有什么秘诀。"他说,我这个人是个"乐天派",整天乐乐呵呵,得过且过,知足长乐而已,就拿"文革"中的经历来说,我当时作为"反动学术权威",住过"牛棚",那一阵子我的身体反而胖了,1968年我全家下放到广西省凤山县的一个深山老林里,直到1979年我们才返回了天津。就是在当时的困境下,我还在房前屋后种药呢!确切地说,不是种药而是种花,当时我这样的人种花养鸟那是不得了的事儿,因为许多花都可以入药,所以我对人只说是种药。我这样做,既锻炼了身体,又可以观察花卉的自然生态,对我画花鸟画很有帮助。

肃老沉思片刻继续说,我之所以能活到八十多岁,归纳一下有以下几个因素:第一,就是脑子空空,排除杂念,整天除了琢磨画画之外,什么都不去想。第二,就是在饮食方面,我不大讲究。我平时吃素比较多,粗细粮兼吃,一般不大吃肉,不抽烟,平时也不喝酒。其他就没什么讲究了。第三,我常抽空儿到郊外去钓鱼。我钓鱼的目的不是为了吃鱼,主要是到大自然中去开阔眼界,让自然万物去启迪自己的画思和灵感。其次,人在大开洼里静坐垂钓,悠然自得,不仅可以静心启智,而且可以多呼吸些新鲜空气,我是钓翁之意不在钓。第四,家庭和谐美满,可以颐养天年。我的老伴儿已经去世3年多了,但我没有再娶老伴儿。我共有7个孩子,4个男孩,3个女孩。他们无论在何时何地从事何种职业,都是规规矩矩工作,老老实实做人,让我挺省心。孩子们对我也很孝顺,使我有条件一门心思地画画儿……

启功先生 童心未泯

"中学生,副教授。博不精,专不透。名虽扬,实不够。高不成,低不就。瘫趋左,派曾右。面微圆,皮欠厚。妻已亡,并无后,丧犹新,病照旧。六十六,非不寿。八宝山,渐相凑。计平生,谥曰陋。身与名,一齐臭。"这是20年前启功先生写的《自撰墓志铭》。

启功于1912年7月26日生于北京,其祖上是爱新觉罗家庭的成员。他的曾祖父和祖父都应科举而步入仕途,可谓书香门弟。可到了他出生的时候,家境已远不及从前。他刚满周岁,父亲就去世了,跟随祖父生活到10岁,祖父也撒手西去。迫于生计,先生未读完高中便只好辍学,靠教书养家糊口。之后他认识了陈垣先生。因在古典文学方面颇有些根基,所以很得陈先生器重,并因此被推荐到辅仁大学教了十几年书。

"我教了一辈子书,画点画,写点字那是副业,承蒙大家错爱,不知怎么一来二去竟成了书法家。"谈到自己钟爱的书画,启功老人总是很自谦地一笔带过。

数十年来,老先生的书画早已蜚声国内外,每天他的电话和信件都十分多,更有不少人登门造访,有求字画的,有讨教学艺的……人们似乎都忘记了这位老人已是85岁高龄。

中国著名漫画家华君武先生1996年画了一幅纪实漫画《熊猫》,并写道:启功先生书法大家 人称国宝 都来找他 请书索画 累得躺下 大门外边 免战高挂 上写四字熊猫病啦! 尽管如此,先生还是一一回信,耐心答复每一个问题,体现出一位师长的风范。

面对市场上一些人肆意假冒启老的字画并在市场上招摇撞骗,老先生风趣地说:"好的是别人写的,不好的是我写的。"

启老非常重视亲情和友情。他不但是个众人皆知的孝子。对他的夫人也是一往情深。自从1975年夫人辞世后,他就换了小木板床。朋友们劝他换张软和点的好床,他说夫人跟他受了一辈子罪,一直都睡木板床,所以,他不愿意独自一人享受好生活。1997年,老友吴作人、董寿平、黄胄等著名艺术家相继辞世,这使启老悲恸不已,并由此引发心脏病住进了医院。出院时他笑着告诉大家:"马克思看守不严,让我溜号了。"

除了教学和书法,启功先生也是一位古典文学家和文物鉴定家。在他的书斋中,除了笔墨和书籍外,几乎全是各种各样的绒毛玩具。终其一生酷爱生灵、酷爱生活、酷爱大自然,这就是启功先生。

我的养生之道

我是湖北省仙桃市人,已70岁了,早年毕业于华南师范学院,1950年开始从教,直到今天,仍在一片深情的教育园地辛勤耕耘(聘教)。现将我的养生之道写在下面,愿和大家共同探讨。

一、乐观。古云:"乐而忘忧""心底无私天地宽"。乐是人生的最好良药。我一生风雨坎坷,特别是在大学任教时,突然被送进工厂,后又回到农村,在漫长的岁月里,我从没埋怨和逃避,也从没被功利、荣辱和得失所左右,而是心境坦然,踏踏实实、平平静静地走过。诸葛亮说:"淡泊以明志,宁静而致远"。淡泊宁静也是一种辉煌和快乐。因为我理解生活,人生旅途,不可能风平浪静,应走属于自己的路,寻找适合自己的"坐标"。

二、不服老。孔子说:"五十而知天命,六十而耳顺,七十而从心所欲,不逾矩。"国家人事部已提出建立老年人才市场,搞好聘用机制。现在人的平均寿命是75岁,再不是杜甫名句"人活七十古来稀",已是"人过八旬不为奇"了。据俄罗斯自然科学院院士礼宾研究成果表明，75岁是人生最有建树的再生期。我虽然70岁了，但我心不老，也不服老，自信事业无黄昏。

退休后，从未离开讲台，前几年受聘于荆州第三技校，每天步行10多华里，风雨无阻。后来受聘市"经校"，路程太远，就像小孩一样，开始学骑自行车上班。我把60岁到80岁当作人生的第二青春，要把丢失的时间找回来。1994年开始边教学边学习写作，现已写短篇《笑对生活》七十多篇，写诗歌《人生音符》近两百首。1996年以来，已发表文章几十篇，诗歌几十首，有的在省征文中获奖，有的入选，有的入编。我生活充实，心灵坦荡，决心用自己的勤劳和智慧，把科学知识和社会美德传授学生，留给后人。

顾振乐的修身之道

每年清明，人们来到嘉定方泰松鹤公墓，一进大门，便可看到胡厥文的高大墓碑。那墓碑上的字雄浑有力，遒劲飘逸，常使扫墓者驻足观赏，赞叹不已。而为其题写碑文的，是上海文史馆馆员、著名书法篆刻家顾振乐先生。

顾振乐先生现已85岁高龄，上海嘉定人，自幼爱好书画，尤以篆刻闻名沪上，与方弃疾、单晓天等著名书画家同为名画家张石园的入室弟子。我因爱好诗书，时往他家走动，总见他们老夫妻相敬如宾，恩爱如初，且身体健朗，精神矍铄。一次，在谈诗论书之余，我不禁问顾先生"你们老夫妻俩已80多岁，仍行动自如，耳聪目明。特别是您，还能写诗作画，何以如此？"

顾先生闻罢，微微一笑，然后又漫不在意地说："其实也没有什么诀窍。就拿我来说："其实也没有什么决窍。就拿我来说，恐怕主要有

两个原因。第一、我一直比较淡于名利,对于一些名和利的事,不太喜欢像别人一样去费心追求,斤斤计较,而是抱着无所谓的态度,所以也就没有太多的烦恼;第二、在吃方面不挑食,虽然年老了以吃素为主,但其他东西也吃。"

"那么,写写字,画画图,刻刻章,对您是否有好处呢?""当然有。"顾振乐不容置疑地说:"写字画图虽是一种兴趣爱好,但可以陶冶性情,也是运动,量虽不大,但对身心健康有好处。过去每适星期天,经常一个人骑自行车去书画社或文物商店游览一下,偶然也买些东西。这样一个来回,即能使自己心情愉快,无意当中也是一种运动锻炼和生活调节,对身体当然有利。现在年纪大了,眼睛不好,图章不大刻了,只是写字和画图,有时也写字诗词。年老了最怕空虚和无聊,我这样也是一种寄托,对大脑也是一种训练。"说完,他还用手指指脑门。

"我生活是很有规律的。一般晚上9点钟睡觉,早上5点多起床,中午睡一会午觉,一般都在一小时。"顾老说。

听了他的话,我对他仔细端详了一会儿,只见他头发花白,然气色极好,毫无衰弱之态。随后又看了看他那皮肤白晰、时带微笑而又贤惠温和的夫人,不禁想起了人们常说的"少年夫妻老来伴""白发偕老"这些老话来。

龚延贤养生法

龚廷贤字子才,号运林,江西金溪人。明代名医、养生家,一生访师治学,研讨医术,著有《种杏仙方》《万病回春》等书,有医林状元誉称。享年97岁,是当然的寿星。

龚廷贤医术高明,尤重视养生保健。他倡导的养生法:一是保护元气;二是呼吸静功。

一、保护元气：他认为："人之一身，有元神，有元气。神官于内，气充乎体，少有不保而百病生矣。"还说："正欲保其元神，常为一身之主，保其元气，常为一身之辅，而后神固气完，百邪不能奸，百病无由作矣。"养生的重要一点，就是要除去致病原因。他说："夫人之正气不足，日虚，复纵嗜，日损。致病之因有六焉，即气，血，精，神，胃气，七情忧郁……夫气乃肺之主，血乃肝脏之主，精乃肾之主，神乃心之主，饮食乃脾胃之主，七情则七神主之。凡事太烦则伤神，喋谈朗诵，饥而言多则伤气，纵欲想思则伤精，久视郁怒则伤肝，饮食劳倦则伤脾，久行伤筋，久立伤骨，久坐伤肉，此五劳七伤之属也。"他为此写了一首养生口诀："惜气存精更养神，少思寡欲勿劳心。食欲半饱无兼味，酒至三分莫过频。每把戏言多取笑，常含乐意莫生嗔。炎凉变诈都休问，任我逍遥过百春。"以此作为养生的座右铭。

二是呼吸静功：龚氏认为呼吸对维持人体正常功能非常重要。著有呼吸静功养生法。每日子午卯酉时，于静室中，厚褥铺于榻上，盘脚大坐，瞑目不视，以棉塞耳，心绝念虑，以意随呼吸，一往一来，上下于心肾之间，忽急忽徐，任其自然。坐一柱香后，觉得口鼻之气不粗，渐渐和柔，然后缓缓伸脚开目，去耳塞，下榻散步，但不可作劳恼以损静功。每日专心依法行之，两个月后会自觉功效。

另外，龚氏还讲了"六字气诀"和"延年良箴"。

"六字气诀"，以呵字治心气，以嘘字治肝气，以呼字治脾气，以嗖字治肺气，以吹字治肾气。此六字气诀分主五脏六腑也。

"延年良箴"为："四时顺摄，晨昏护持。三光知敬，雷雨知畏。孝友无间，礼义自闲。谦和辞让，损己利人。物来顺应，事过心宁。人我两忘，勿竟炎热。口勿妄言，意勿妄想。勿为无益，当慎有损。行住量力，勿为劳形。坐卧顺时，勿令身怠。悲哀喜乐，勿令过情。爱憎得失，揆之以义。寒温适体，勿侈华艳。动止有常，言谈有节。呼吸清和，安神闺房。静习莲宗，礼敬身顺。诗书悦心，山林逸兴。儿孙孝养，撞仆顺承。身心安逸，四大闲散。积有喜功，常存阴德。救苦度厄，济困扶危。"这些都与人的健身长寿至关重要。

清静养生　淡泊处世
——钱刘氏老太的养生之道

与20世纪同龄、98岁的钱刘氏老太太，可算得上是我们上海卢湾区桥一小区的老寿星了。

钱老太的养生之道是"清静养生，淡泊处世"。

清静养生，钱老太的生活很有规律，早晨7点起床，晚上8点入睡，一觉睡到天亮。

钱老太又特爱干净，每天不是洗澡，就是擦身、换衣，从不间断。隔月理发一次，也不会忘记，过去是自己直接去理发店，从今年开始，家里人怕她年事已高不放心，才定期叫人上门为她理发，为这，老人家还不乐意呢！

钱老太的饮食也很有规律，一年四季，只喝茶水，不喝白开水。早饭干湿搭配，一只馒头，一杯牛奶；或一只大饼加一小碗稀饭。中午一般吃的是晚上的剩饭、剩菜。晚餐，小辈们回来，有荤有素，有酒有饭，钱老太还得喝上两小盅酒，春、夏、秋季每天喝啤酒，冬天喝些热黄酒，年年如此，多一口不行，少一点不干。

今夏，恰逢连续38~39℃高温，钱老太家的住房不宽敞，还未装空调，已过花甲的儿子怕她熬不过，征求老太意见。老太回答："心静自然凉，过去能过，现在也能过。"她靠一只落地扇，照样过得有滋有味，度过了今年的盛夏。

淡泊处世。钱老太见多识广，从清末到民国到解放；从国民党当道到共产党执政，对世态的变化，人情的冷暖，却看得很透彻，开朗于己，乐观待人，远离名利。她深知新社会给她一家带来了安宁、稳定的生活，因此努力教育儿孙们应努力工作和学习，对社会应有所作为。

正因为有这样的心态，碰到再大的事，老人也坦然处之。钱老太60多岁时，她的右乳下有一拳头大的脂肪瘤，诊断后，医生建议最好切除，怕引起什么变化，家人也同意。可老大自己就是不依，说："吃得下、睡得着、不碍事。"手术最终没做。她正确对待疾病，随着年龄的一天天增长，现在这拳头大的瘤已基本消除，连医生也称奇。

钱老太待人和气，遇事沉着，从不苛求，也不奢望。她的一生用"清静养生，淡泊处世"八字来概括，这，也许就是钱老太之所以能长寿的缘故吧！

159岁老人长寿之秘

吴云青，河南汜水人氏，生于清道光戊戌十八年（公元1838年）。出身农家寒门，少时喜习拳武，15岁出家入道。先于大行山中修习丹道，继而云游北武当、华岳等名山古刹，广结逸人高士、潜心研究养生健身之法。后寓居陕北，曾为兴化寺长老。"文革"动乱中遭劫，被迫还俗，以后结庐山村。同随身弟子一起自劳自食。曾被推举为省、市政协委员。老人一生超凡脱俗，清心寡欲，淡泊名利，乐善好施，常年坚持练功修道，自诩为山野闲散之人。他今年159岁了，概括其养生长寿之秘，要旨在忌、动、炼、乐四个字。

一、生活节制"忌"为首

吴老十分注意饮食卫生，爱好清洁，讲究卫生，不饮酒，不吸烟，常年吃素，他说：这叫"忌口"。

二、善劳恶逸"动"当头

吴老坚持劳动。他一百多年来，从未脱离过劳动，现在还经常到田间去做些农活。生活有规律，天明即起，日暮即息。该做的事，当天做好。

三、修身养性"炼"在先

吴老每天坚持练气功,活动身体。他练的是"黄老丹道养生功",从不间断。他提倡坚持,不能练练停停。他坚持一百年如一日,因而从不生病。

四、心胸宽宏"乐"增寿

吴老心情开朗,终日笑呵呵,从不想烦恼事,为人随和,不计较任何得失,无论什么人,都与他合得来。

以上几点,看来没有什么稀奇,但是能样样做到,一百年如一日,就不容易了。

吴老今年159岁,是当今世界上少有的健康长寿老人。

胸襟豁达淡泊向善
——入闽第一寿星蔡松苍谈养生之道

> 蔡松苍的养生之道:
> 三勤:脑勤、手勤、脚勤;
> 三静:静心、静气、静行;
> 三淡:看淡权力、看淡金钱、淡忘年龄;
> 三乐:助人为乐、知足常乐、自得其乐。

1998年12月26日,福建省第一寿星、静养于漳浦县旧镇紫薇寺的蔡松苍老人把一块书有"勤政亲民"的牌匾送给漳浦县委书记沈元坤,感谢漳浦各级领导对老人周到的关怀。他深有感触地说,现代社会物质文明和精神文明一起进步,有良好的敬老、养老环境,我有信心活到21世纪。

国泰民安人高寿,在全国高龄老人健康监测活动中,年逾110岁的蔡松苍的检查结果是:视力有神,能看清眼前物体,血压、心律正常,手足活动自如,头脑反应也相当敏捷。谈起他的长寿之道,他的思路清晰,讲个滔滔不绝。

少时饱经磨砺,老来不畏风霜。蔡松苍青年时代经历了国破家亡、背井离乡、妻离子散之痛。他出生于榕城一个郎中之家,自幼随父学习歧黄之术,帮家里经营药店,治病救人。抗日战争爆发后,他从福州逃到厦门,乘坐华侨电船到台湾从医,随后又被日本兵赶回大陆。在厦门,蔡松苍娶妻生子,厦门沦陷,蔡松苍妻离子散,从此杳无音讯。他又先后到安溪、龙海浮宫等地行医度日。国破家亡,孑然一身的他皈依佛门,接受佛教文化的洗礼。新中国成立后,改革开放了,蔡松苍辗转到漳浦县前亭镇洛运村,悬壶济世,并与福州的侄儿联系上了。1996年8月,他得了一场大病,漳浦有关部门得悉后,把他接到紫薇寺精心护养照料,康复后便在此住下了。不经历风雨,怎能见彩虹。坎坷的经历,多舛的命运,使他的生存意志变得无比坚韧。如今遇上安定的环境,这株世纪苍松更显得青翠挺拔。"经历的事多了,对世间的恩怨纷争,我都能以宽容平和的心情对待,不会无端地苦恼自己。"

有爱才有温暖,蔡松苍乐于奉献,一心向善,济世情怀令人钦佩。索取意味着与苦恼结伴,奉献则心里坦然亮堂。蔡老到紫薇寺后,一如既往,义务为他人看病、赠药。他多次将领导的慰问款买动物放生,买树苗绿化山坡,资助贫困学生,为灾区捐款。蔡老认为,"一颗爱心看世界,世界充满爱。"

老寿星一直保持着好习惯:无抽烟酗酒等不良嗜好,少量多餐,天天散步,作息极有规律,平时还保持读报、看电视、写诗的爱好。对其养生之道,蔡老自己总结出:"三勤三静三淡三乐"。三勤谓脑勤、手勤、脚勤;三静乃静心、静气、静行:三淡曰看淡权力、看淡金钱、淡忘年龄;三乐就是助人为乐、知足常乐、自得其乐。他说:三勤让人肢体处于运动状态,使人体每个"零件"都保持运转状态;三静让人的内心处于平和境界;三淡使人淡泊向善;三乐叫人乐观处世。能做到这几条,自然便身心俱健了。身心愉悦,则去疾祛病,体魄强健。

彭祖长寿的秘诀

殷代大夫钱铿,因受封于彭城,史称"彭祖"。相传他善于导引行气,于殷末已活767岁。又传西汉武帝时鲁恭王坏孔子宅,获得大批古籀文写成的竹简,其中记说彭祖活767甲子。按上古用干支记日法,这个甲子是60日,那末彭祖活46020日,即126岁。结合史载武帝寿缘年岁看,后传可信,所以,历来把彭祖作为长寿的象征。

东晋道教理论家、医学家葛洪在《神仙传》中为他立传,并记述了他的养生之道:

一、常食桂芝:东晋干宝《搜神记》说他是"常食桂芝"而长寿。桂树自古被确认为药用,《本草纲目》引《本经》说桂的药用价值是:"治百病,养精神,和颜色,为诸药先聘通使,久服轻身不老,面生光华,媚好常如童子",其花具"生津、辟臭、化痰、治风虫牙痛、润发"等功能。至今中医乃列桂枝(桂树的新千细嫩枝)"有发汗、解除肌表及四胶风寒和温通经络的作用"。从桂的上述药性来看,它确实是可以祛病健身、延年益寿。

二、吐纳导阶:彭祖是倡导导引术的最早的代表人物。他把静练"吐故纳新"的呼吸运动和动练的肢体运动有机地结合起来,对祛病延年有很好的功效。彭祖每天坚持练功,从不间断。遇到身体疲倦不安的时候,便导引行气,以攻所患。一当真气遍行体中,贯通九窍、五脏、四肢以至于毛发,疲乏不适之感即一扫而去,身体重新回到和谐安康的状态。

三、淡泊宁静:彭祖从不去追求名利声色。葛洪的《神仙传》说他"不营名誉,不饰车服,唯以养生治身为事。"他认为长寿的关键在于不要伤害身体,冬不欲极温,夏不欲极凉,食戒过多,饮戒过深。他认为,如果各方面不知节制,放纵自己,很快就会反过来伤害自己,到时候"徒责神之不守、体之不康,岂不难乎?"

四、保神养生:彭祖强调保神,而且告诫人们千万不要伤神、散神、烦神、败神。他说:"积忧不已则魂神伤矣,愤怒不已魂神散也,喜怒过多,神不归室,憎爱无定,神不守形,汲汲而欲,神则烦,切切所思,神则败。"只要平时乐于淡泊,不亲狂荡,顺之和平则可神安体健。

武则天的养生六要

武则天是我国历史上唯一的女皇帝,生于公元623年,享年高寿82岁。她以不屈不挠的奋发努力,由才人而至昭仪,由昭仪而至宸妃,由宸妃而至皇后,由皇后而至皇帝,接续了李唐王朝的盛世之治。她一生度过了82个春秋,究其养生之道主要有六个方面。

(1) 习文练武,奠立根基:武则天的父亲是军人出身,母亲通晓文墨。所以她从小即有习文弄武的优越环境,骑射、歌舞、音律、乐理、诗书,无一不学,学而且精。她当才人时常随驾骑射,曾帮唐太宗驯服过一匹烈马(此烈马当时在朝廷上下竟无他人能驯服。后来她执政时常常骑马检阅军队和外出巡行,所有这一切都使她在精力、心力、智力、体力上得到锻炼。而且音乐可和神,书法能调气,骑射利强身,这些都是高层次的养生之道。

(2) 信念坚定,处事果断:武则天能洞察世事,方向明确,信念坚定,处事果断地朝着目标努力。她一举粉碎了徐敬业的扬州叛乱,还空前绝后地设立了女进士科场,这些都是她心力和智力的充分体现。她能以坚定的信念与果断的措施,取得一个又一个胜利,从这些胜利的鼓舞和慰藉中,使自己的形体、精神都得到了护养,这是非常宝贵的。

(3) 雍容大度,胸怀开阔:武则天称帝时能广招人才,举贤任能,胸怀开阔，从不搞宗派小圈子。她广设官职，网罗人才，不计卑微，唯才是举，大量地用在侍御史、员外郎、给事中、校书郎、左右拾遗等补缺职位上。有人说她是"糊心巡抚使，眯目圣神皇"。她笑了笑说："只要你为官清正，尽职效力，不怕人家说三道四，由他去吧。"

（4）坐禅修道，调养身心：武则天的母亲是个虔诚的佛教徒，高寿92岁。这种先天的遗传因子与后天的修养方式，对武则天的健康长寿极为有利。太宗驾崩后，她曾被发落到皇家寺院感业寺修佛3年，学到了佛家气功"结跏趺坐"功法。此后在她日理万机之暇，或跏趺而坐，或静坐一番，自然就会和畅气机，调适身心，消除疲劳，清神明智。

（5）游览风光，愉悦身心：游览山水，观赏风光，这也是武则天的健身养生之道。嵩山少林寺、泰山玉皇顶、龙门石窟、平乐涧石淙、晋祠等名胜景点，她都游览过。

（6）赏花斗草，怡乐情趣：武则天是个赏花入迷的人，其宫中苑中，常设鲜花。禁苑之中种植各地名花异草，此花谢过，彼花又开，四时争艳不绝，为武则天赏花斗草，怡乐情趣提供了优雅、美妙的环境。

曾国藩养生谈

近代历史人物曾国藩讲究养生之道是在入京之后。那时他常常感到头晕、乏力、目蒙，便同翰林院中的一班人研讨起养生之法来。唐镜海是他最崇拜的一位前辈，曾口授养生处世之秘，曾国藩牢牢记在心里。道光二十二年十月二十七日，曾国藩在日记中写道："唐先生言，最是。'静'字功次要紧，大程夫子是三代后圣人，亦是'静'字功夫足。王文成亦是'静'字有功夫，所以他能不动心。若不静，省身也不密，见理也不明，都是浮的。总是要静。又曰：凡人皆有切身之病，刚密柔恶，各有所偏，溺焉既深，动辄发见，须自己体察所溺之病，终身在此处克治。"曾国藩接着写道："余比告先生，谓有忿恨很不顾气习，偏于刚恶，既而自究所病只是为动不为静。先生两言益对症下药也。务当力求主静，如使神明为日之升，即此以求其继继续续者，既所谓缉熙也。知此而不行，真暴弃矣，真小人矣"。曾国藩是一个能举一反三的人，唐镜海这一番教诲，后来，使他生出许多养生的心得来，如他在咸丰11年正月初五日的日记中写道："忿、欲二字，圣贤亦有之，特能少忍须臾，便不伤生，可谓名言至论。"于到十四日，他又记道："养生家之法，莫大于惩忿、窒欲、少食、多动八字。""惩忿"曾国藩解释说即"所谓少忿怒也。""窒欲"就是克制情欲。"少食"就是不吃得太饱。""多动"就是增强运动。这四条正应上民间一个生动的故事。有个地方寿星较多，百二十岁以上的有四个。有人去请教他们的长寿之秘。其一说，遇事都说好。其一说，每饭不吃饱。其一说，老婆生得丑。其一说，饭后百步走。曾麟书告诫曾国藩也是这四条。

万部之家长寿的奥秘

1795年，在日本一个偏僻山区农村里，人们发现了一个长寿之家——万部一家。当时爷爷万部已经有194岁，奶奶也满了173岁，儿子153岁，孙子105岁，他们老少三辈都已超过百岁，可人人都满面红光，耳聪目明，还都能天天参加劳动哩！这件事引起了社会上的很大震动，人们都想从他们那里找到长寿的奥秘。因此，人们翻山越岭，涉水渡河，到这山村里来寻仙方找秘诀，以求长寿不老。不久，当时的宰相听到了这个消息，兴奋不已，立即下达了命令把年岁最大的万部老人召进京城，想从他那儿得到长寿的秘方献给皇上，以求得到更多的荣华富贵。

万部老人刚进京城时，鹤发童颜，精神矍铄，腿脚灵便，声如洪钟，达官贵人们见了都非常地惊奇，羡慕不已。他们把万部老人当作一部长寿的活字典，整天围住问长问短，纠缠不休，恨不得一下子就把老人的长寿秘密弄到手。为此，他们把老人当作最高贵的宾客，让他住进最豪华舒适的高级宾馆；每顿饭都用丰盛的酒席招待；还让人监护，不许老人多走路以防摔倒跌伤；……

不料事与愿违，没过多久，老人就动弹不得了。又过了一阵子，老人竟然死了！消息传来，全家人都万分悲痛，不久，万部老人家上了年岁的老人，也都一个个地相继离开了人世。这到底是什么呢？

许多科学家，对万部一家长寿的奥秘进行了认真的探讨，认为他们做到了这四点：

其一，"生命在于运动"。他们每天坚持适当的运动和体力劳动，以达到舒筋活血，锻炼身体的目的。

其二，他们每天主要以五谷杂糖和蔬菜瓜果为主食，较少吃荤，而且从不偏食，也不暴饮暴食，不好吃的就少吃或宁肯饿着。

其三，他们坚持早睡早起，呼吸新鲜空气。特别是他们生活在山区农村，空气清新，爽身健体，有利于身心健康。

其四，更重要的是全家人与世无争，和睦相处，心情舒畅，从不吵嘴打架，怄气伤身。

可是，万部老人进京之后，这四点生活规律全被破坏了，他也就很快死去了。而家里那些上了年岁的老人，因为思念万部老人而整天闷闷不乐，加之噩耗传来，悲伤过度，吃不下，睡不安，也就无心再从事运动和劳动，从而破坏了上述生活规律，因而也都一个个相继死去了。

看来，长寿也并非是可望而不可及的。亲爱的朋友，如果你想长寿，从万部老人的故事中不是可以受到些什么启示吗？